# KASSENBUCH

Datum : ............................... Name des Kegelclubs: ...............................

| Name | Beitrag | Strafen | Alle 9 | Kranz | Pudel | Klingel | Soll zahlen | hat gezahlt | noch offen | Bemerkungen |
|---|---|---|---|---|---|---|---|---|---|---|
|  |  |  |  |  |  |  |  |  |  |  |
|  |  |  |  |  |  |  |  |  |  |  |
|  |  |  |  |  |  |  |  |  |  |  |
|  |  |  |  |  |  |  |  |  |  |  |
|  |  |  |  |  |  |  |  |  |  |  |
|  |  |  |  |  |  |  |  |  |  |  |
|  |  |  |  |  |  |  |  |  |  |  |
|  |  |  |  |  |  |  |  |  |  |  |
|  |  |  |  |  |  |  |  |  |  |  |
|  |  |  |  |  |  |  |  |  |  |  |
|  |  |  |  |  |  |  |  |  |  |  |
|  |  |  |  |  |  |  |  |  |  |  |
|  |  |  |  |  |  |  |  |  |  |  |
|  |  |  |  |  |  |  |  |  |  |  |

## Ergebniss :

| Kosten Kegelbahn | Sonstige Kosten | Spenden | Einnahmen Heute | letzter Kassenbestand | Kassenbestand Gesamt |
|---|---|---|---|---|---|
|  |  |  |  |  |  |

| Pudelkönig |  |
|---|---|
| Sieger |  |

**Datum :** ...................................... **Name des Kegelclubs:** ......................................

| Name | Beitrag | Strafen | Alle 9 | Kranz | Pudel | Klingel | Soll zahlen | hat gezahlt | noch offen | Bemerkungen |
|---|---|---|---|---|---|---|---|---|---|---|
|  |  |  |  |  |  |  |  |  |  |  |
|  |  |  |  |  |  |  |  |  |  |  |
|  |  |  |  |  |  |  |  |  |  |  |
|  |  |  |  |  |  |  |  |  |  |  |
|  |  |  |  |  |  |  |  |  |  |  |
|  |  |  |  |  |  |  |  |  |  |  |
|  |  |  |  |  |  |  |  |  |  |  |
|  |  |  |  |  |  |  |  |  |  |  |
|  |  |  |  |  |  |  |  |  |  |  |
|  |  |  |  |  |  |  |  |  |  |  |
|  |  |  |  |  |  |  |  |  |  |  |
|  |  |  |  |  |  |  |  |  |  |  |
|  |  |  |  |  |  |  |  |  |  |  |
|  |  |  |  |  |  |  |  |  |  |  |

**Ergebniss :**

| Kosten Kegelbahn | Sonstige Kosten | Spenden | Einnahmen Heute | letzter Kassenbestand | Kassenbestand Gesamt |
|---|---|---|---|---|---|
|  |  |  |  |  |  |

| | |
|---|---|
| Pudelkönig |  |
| Sieger |  |

**Datum :** ..........................  **Name des Kegelclubs:** ..........................

| Name | Beitrag | Strafen | Alle 9 | Kranz | Pudel | Klingel | Soll zahlen | hat gezahlt | noch offen | Bemerkungen |
|---|---|---|---|---|---|---|---|---|---|---|
|  |  |  |  |  |  |  |  |  |  |  |
|  |  |  |  |  |  |  |  |  |  |  |
|  |  |  |  |  |  |  |  |  |  |  |
|  |  |  |  |  |  |  |  |  |  |  |
|  |  |  |  |  |  |  |  |  |  |  |
|  |  |  |  |  |  |  |  |  |  |  |
|  |  |  |  |  |  |  |  |  |  |  |
|  |  |  |  |  |  |  |  |  |  |  |
|  |  |  |  |  |  |  |  |  |  |  |
|  |  |  |  |  |  |  |  |  |  |  |
|  |  |  |  |  |  |  |  |  |  |  |
|  |  |  |  |  |  |  |  |  |  |  |
|  |  |  |  |  |  |  |  |  |  |  |
|  |  |  |  |  |  |  |  |  |  |  |
|  |  |  |  |  |  |  |  |  |  |  |

**Ergebniss :**

| Kosten Kegelbahn | Sonstige Kosten | Spenden | Einnahmen Heute | letzter Kassenbestand | Kassenbestand Gesamt |
|---|---|---|---|---|---|
|  |  |  |  |  |  |

| Pudelkönig |  |
|---|---|
| Sieger |  |

**Datum :** . . . . . . . . . . . . . . . . . . . . . . . . . . . . . . . . . . . . . **Name des Kegelclubs:** . . . . . . . . . . . . . . . . . . . . . . . . . . . . .

| Name | Beitrag | Strafen | Alle 9 | Kranz | Pudel | Klingel | Soll zahlen | hat gezahlt | noch offen | Bemerkungen |
|---|---|---|---|---|---|---|---|---|---|---|
|  |  |  |  |  |  |  |  |  |  |  |
|  |  |  |  |  |  |  |  |  |  |  |
|  |  |  |  |  |  |  |  |  |  |  |
|  |  |  |  |  |  |  |  |  |  |  |
|  |  |  |  |  |  |  |  |  |  |  |
|  |  |  |  |  |  |  |  |  |  |  |
|  |  |  |  |  |  |  |  |  |  |  |
|  |  |  |  |  |  |  |  |  |  |  |
|  |  |  |  |  |  |  |  |  |  |  |
|  |  |  |  |  |  |  |  |  |  |  |
|  |  |  |  |  |  |  |  |  |  |  |
|  |  |  |  |  |  |  |  |  |  |  |
|  |  |  |  |  |  |  |  |  |  |  |
|  |  |  |  |  |  |  |  |  |  |  |
|  |  |  |  |  |  |  |  |  |  |  |

**Ergebniss :**

| Kosten Kegelbahn | Sonstige Kosten | Spenden | Einnahmen Heute | letzter Kassenbestand | Kassenbestand Gesamt |
|---|---|---|---|---|---|
|  |  |  |  |  |  |

| Pudelkönig |  |
|---|---|
| Sieger |  |

**Datum:** .................... **Name des Kegelclubs:** ....................

| Name | Beitrag | Strafen | Alle 9 | Kranz | Pudel | Klingel | Soll zahlen | hat gezahlt | noch offen | Bemerkungen |
|---|---|---|---|---|---|---|---|---|---|---|
|  |  |  |  |  |  |  |  |  |  |  |
|  |  |  |  |  |  |  |  |  |  |  |
|  |  |  |  |  |  |  |  |  |  |  |
|  |  |  |  |  |  |  |  |  |  |  |
|  |  |  |  |  |  |  |  |  |  |  |
|  |  |  |  |  |  |  |  |  |  |  |
|  |  |  |  |  |  |  |  |  |  |  |
|  |  |  |  |  |  |  |  |  |  |  |
|  |  |  |  |  |  |  |  |  |  |  |
|  |  |  |  |  |  |  |  |  |  |  |
|  |  |  |  |  |  |  |  |  |  |  |
|  |  |  |  |  |  |  |  |  |  |  |
|  |  |  |  |  |  |  |  |  |  |  |

## Ergebniss:

| Kosten Kegelbahn | Sonstige Kosten | Spenden | Einnahmen Heute | letzter Kassenbestand | Kassenbestand Gesamt |
|---|---|---|---|---|---|
|  |  |  |  |  |  |

| | |
|---|---|
| Pudelkönig |  |
| Sieger |  |

**Datum :** ................  **Name des Kegelclubs:** ................

| Name | Beitrag | Strafen | Alle 9 | Kranz | Pudel | Klingel | Soll zahlen | hat gezahlt | noch offen | Bemerkungen |
|---|---|---|---|---|---|---|---|---|---|---|
|  |  |  |  |  |  |  |  |  |  |  |
|  |  |  |  |  |  |  |  |  |  |  |
|  |  |  |  |  |  |  |  |  |  |  |
|  |  |  |  |  |  |  |  |  |  |  |
|  |  |  |  |  |  |  |  |  |  |  |
|  |  |  |  |  |  |  |  |  |  |  |
|  |  |  |  |  |  |  |  |  |  |  |
|  |  |  |  |  |  |  |  |  |  |  |
|  |  |  |  |  |  |  |  |  |  |  |
|  |  |  |  |  |  |  |  |  |  |  |
|  |  |  |  |  |  |  |  |  |  |  |
|  |  |  |  |  |  |  |  |  |  |  |

**Ergebniss :**

| Kosten Kegelbahn | Sonstige Kosten | Spenden | Einnahmen Heute | letzter Kassenbestand | Kassenbestand Gesamt |
|---|---|---|---|---|---|
|  |  |  |  |  |  |

| Pudelkönig |  |
|---|---|
| Sieger |  |

**Datum :** .................  **Name des Kegelclubs:** .................

| Name | Beitrag | Strafen | Alle 9 | Kranz | Pudel | Klingel | Soll zahlen | hat gezahlt | noch offen | Bemerkungen |
|---|---|---|---|---|---|---|---|---|---|---|
|  |  |  |  |  |  |  |  |  |  |  |
|  |  |  |  |  |  |  |  |  |  |  |
|  |  |  |  |  |  |  |  |  |  |  |
|  |  |  |  |  |  |  |  |  |  |  |
|  |  |  |  |  |  |  |  |  |  |  |
|  |  |  |  |  |  |  |  |  |  |  |
|  |  |  |  |  |  |  |  |  |  |  |
|  |  |  |  |  |  |  |  |  |  |  |
|  |  |  |  |  |  |  |  |  |  |  |
|  |  |  |  |  |  |  |  |  |  |  |
|  |  |  |  |  |  |  |  |  |  |  |
|  |  |  |  |  |  |  |  |  |  |  |
|  |  |  |  |  |  |  |  |  |  |  |

**Ergebniss :**

| Kosten Kegelbahn | Sonstige Kosten | Spenden | Einnahmen Heute | letzter Kassenbestand | Kassenbestand Gesamt |
|---|---|---|---|---|---|
|  |  |  |  |  |  |

| Pudelkönig |  |
|---|---|
| Sieger |  |

**Datum:** .................................. **Name des Kegelclubs:** ..................................

| Name | Beitrag | Strafen | Alle 9 | Kranz | Pudel | Klingel | Soll zahlen | hat gezahlt | noch offen | Bemerkungen |
|---|---|---|---|---|---|---|---|---|---|---|
|  |  |  |  |  |  |  |  |  |  |  |
|  |  |  |  |  |  |  |  |  |  |  |
|  |  |  |  |  |  |  |  |  |  |  |
|  |  |  |  |  |  |  |  |  |  |  |
|  |  |  |  |  |  |  |  |  |  |  |
|  |  |  |  |  |  |  |  |  |  |  |
|  |  |  |  |  |  |  |  |  |  |  |
|  |  |  |  |  |  |  |  |  |  |  |
|  |  |  |  |  |  |  |  |  |  |  |
|  |  |  |  |  |  |  |  |  |  |  |
|  |  |  |  |  |  |  |  |  |  |  |
|  |  |  |  |  |  |  |  |  |  |  |
|  |  |  |  |  |  |  |  |  |  |  |
|  |  |  |  |  |  |  |  |  |  |  |

## Ergebniss:

| Kosten Kegelbahn | Sonstige Kosten | Spenden | Einnahmen Heute | letzter Kassenbestand | Kassenbestand Gesamt |
|---|---|---|---|---|---|
|  |  |  |  |  |  |

| Pudelkönig |  |
|---|---|
| Sieger |  |

**Datum :** ............................................ **Name des Kegelclubs:** ............................................

| Name | Beitrag | Strafen | Alle 9 | Kranz | Pudel | Klingel | Soll zahlen | hat gezahlt | noch offen | Bemerkungen |
|---|---|---|---|---|---|---|---|---|---|---|
|  |  |  |  |  |  |  |  |  |  |  |
|  |  |  |  |  |  |  |  |  |  |  |
|  |  |  |  |  |  |  |  |  |  |  |
|  |  |  |  |  |  |  |  |  |  |  |
|  |  |  |  |  |  |  |  |  |  |  |
|  |  |  |  |  |  |  |  |  |  |  |
|  |  |  |  |  |  |  |  |  |  |  |
|  |  |  |  |  |  |  |  |  |  |  |
|  |  |  |  |  |  |  |  |  |  |  |
|  |  |  |  |  |  |  |  |  |  |  |
|  |  |  |  |  |  |  |  |  |  |  |
|  |  |  |  |  |  |  |  |  |  |  |
|  |  |  |  |  |  |  |  |  |  |  |
|  |  |  |  |  |  |  |  |  |  |  |

**Ergebniss :**

| Kosten Kegelbahn | Sonstige Kosten | Spenden | Einnahmen Heute | letzter Kassenbestand | Kassenbestand Gesamt |
|---|---|---|---|---|---|
|  |  |  |  |  |  |

| Pudelkönig |  |
|---|---|
| Sieger |  |

**Datum :** ...................................... **Name des Kegelclubs:** ......................................

| Name | Beitrag | Strafen | Alle 9 | Kranz | Pudel | Klingel | Soll zahlen | hat gezahlt | noch offen | Bemerkungen |
| --- | --- | --- | --- | --- | --- | --- | --- | --- | --- | --- |
|  |  |  |  |  |  |  |  |  |  |  |
|  |  |  |  |  |  |  |  |  |  |  |
|  |  |  |  |  |  |  |  |  |  |  |
|  |  |  |  |  |  |  |  |  |  |  |
|  |  |  |  |  |  |  |  |  |  |  |
|  |  |  |  |  |  |  |  |  |  |  |
|  |  |  |  |  |  |  |  |  |  |  |
|  |  |  |  |  |  |  |  |  |  |  |
|  |  |  |  |  |  |  |  |  |  |  |
|  |  |  |  |  |  |  |  |  |  |  |
|  |  |  |  |  |  |  |  |  |  |  |
|  |  |  |  |  |  |  |  |  |  |  |
|  |  |  |  |  |  |  |  |  |  |  |
|  |  |  |  |  |  |  |  |  |  |  |

**Ergebniss :**

| Kosten Kegelbahn | Sonstige Kosten | Spenden | Einnahmen Heute | letzter Kassenbestand | Kassenbestand Gesamt |
| --- | --- | --- | --- | --- | --- |
|  |  |  |  |  |  |

| Pudelkönig |  |
| --- | --- |
| Sieger |  |

**Datum :** ........................................  **Name des Kegelclubs:** ........................................

| Name | Beitrag | Strafen | Alle 9 | Kranz | Pudel | Klingel | Soll zahlen | hat gezahlt | noch offen | Bemerkungen |
|---|---|---|---|---|---|---|---|---|---|---|
| | | | | | | | | | | |
| | | | | | | | | | | |
| | | | | | | | | | | |
| | | | | | | | | | | |
| | | | | | | | | | | |
| | | | | | | | | | | |
| | | | | | | | | | | |
| | | | | | | | | | | |
| | | | | | | | | | | |
| | | | | | | | | | | |
| | | | | | | | | | | |
| | | | | | | | | | | |
| | | | | | | | | | | |
| | | | | | | | | | | |

**Ergebniss :**

| Kosten Kegelbahn | Sonstige Kosten | Spenden | Einnahmen Heute | letzter Kassenbestand | Kassenbestand Gesamt |
|---|---|---|---|---|---|
| | | | | | |

| | |
|---|---|
| Pudelkönig | |
| Sieger | |

**Datum :** ..........................        **Name des Kegelclubs:** ..........................

| Name | Beitrag | Strafen | Alle 9 | Kranz | Pudel | Klingel | Soll zahlen | hat gezahlt | noch offen | Bemerkungen |
|---|---|---|---|---|---|---|---|---|---|---|
|  |  |  |  |  |  |  |  |  |  |  |
|  |  |  |  |  |  |  |  |  |  |  |
|  |  |  |  |  |  |  |  |  |  |  |
|  |  |  |  |  |  |  |  |  |  |  |
|  |  |  |  |  |  |  |  |  |  |  |
|  |  |  |  |  |  |  |  |  |  |  |
|  |  |  |  |  |  |  |  |  |  |  |
|  |  |  |  |  |  |  |  |  |  |  |
|  |  |  |  |  |  |  |  |  |  |  |
|  |  |  |  |  |  |  |  |  |  |  |
|  |  |  |  |  |  |  |  |  |  |  |
|  |  |  |  |  |  |  |  |  |  |  |
|  |  |  |  |  |  |  |  |  |  |  |
|  |  |  |  |  |  |  |  |  |  |  |

**Ergebniss :**

| Kosten Kegelbahn | Sonstige Kosten | Spenden | Einnahmen Heute | letzter Kassenbestand | Kassenbestand Gesamt |
|---|---|---|---|---|---|
|  |  |  |  |  |  |

| Pudelkönig |  |
|---|---|
| Sieger |  |

**Datum :** .................... **Name des Kegelclubs:** ....................

| Name | Beitrag | Strafen | Alle 9 | Kranz | Pudel | Klingel | Soll zahlen | hat gezahlt | noch offen | Bemerkungen |
|---|---|---|---|---|---|---|---|---|---|---|
|  |  |  |  |  |  |  |  |  |  |  |
|  |  |  |  |  |  |  |  |  |  |  |
|  |  |  |  |  |  |  |  |  |  |  |
|  |  |  |  |  |  |  |  |  |  |  |
|  |  |  |  |  |  |  |  |  |  |  |
|  |  |  |  |  |  |  |  |  |  |  |
|  |  |  |  |  |  |  |  |  |  |  |
|  |  |  |  |  |  |  |  |  |  |  |
|  |  |  |  |  |  |  |  |  |  |  |
|  |  |  |  |  |  |  |  |  |  |  |
|  |  |  |  |  |  |  |  |  |  |  |
|  |  |  |  |  |  |  |  |  |  |  |
|  |  |  |  |  |  |  |  |  |  |  |
|  |  |  |  |  |  |  |  |  |  |  |

**Ergebniss :**

| Kosten Kegelbahn | Sonstige Kosten | Spenden | Einnahmen Heute | letzter Kassenbestand | Kassenbestand Gesamt |
|---|---|---|---|---|---|
|  |  |  |  |  |  |

| Pudelkönig |  |
|---|---|
| Sieger |  |

**Datum:** ................................ **Name des Kegelclubs:** ................................

| Name | Beitrag | Strafen | Alle 9 | Kranz | Pudel | Klingel | Soll zahlen | hat gezahlt | noch offen | Bemerkungen |
|---|---|---|---|---|---|---|---|---|---|---|
|  |  |  |  |  |  |  |  |  |  |  |
|  |  |  |  |  |  |  |  |  |  |  |
|  |  |  |  |  |  |  |  |  |  |  |
|  |  |  |  |  |  |  |  |  |  |  |
|  |  |  |  |  |  |  |  |  |  |  |
|  |  |  |  |  |  |  |  |  |  |  |
|  |  |  |  |  |  |  |  |  |  |  |
|  |  |  |  |  |  |  |  |  |  |  |
|  |  |  |  |  |  |  |  |  |  |  |
|  |  |  |  |  |  |  |  |  |  |  |
|  |  |  |  |  |  |  |  |  |  |  |
|  |  |  |  |  |  |  |  |  |  |  |
|  |  |  |  |  |  |  |  |  |  |  |
|  |  |  |  |  |  |  |  |  |  |  |

**Ergebniss:**

| Kosten Kegelbahn | Sonstige Kosten | Spenden | Einnahmen Heute | letzter Kassenbestand | Kassenbestand Gesamt |
|---|---|---|---|---|---|
|  |  |  |  |  |  |

| Pudelkönig |  |
|---|---|
| Sieger |  |

**Datum :** ............................  **Name des Kegelclubs:** ............................

| Name | Beitrag | Strafen | Alle 9 | Kranz | Pudel | Klingel | Soll zahlen | hat gezahlt | noch offen | Bemerkungen |
|---|---|---|---|---|---|---|---|---|---|---|
|  |  |  |  |  |  |  |  |  |  |  |
|  |  |  |  |  |  |  |  |  |  |  |
|  |  |  |  |  |  |  |  |  |  |  |
|  |  |  |  |  |  |  |  |  |  |  |
|  |  |  |  |  |  |  |  |  |  |  |
|  |  |  |  |  |  |  |  |  |  |  |
|  |  |  |  |  |  |  |  |  |  |  |
|  |  |  |  |  |  |  |  |  |  |  |
|  |  |  |  |  |  |  |  |  |  |  |
|  |  |  |  |  |  |  |  |  |  |  |
|  |  |  |  |  |  |  |  |  |  |  |
|  |  |  |  |  |  |  |  |  |  |  |
|  |  |  |  |  |  |  |  |  |  |  |
|  |  |  |  |  |  |  |  |  |  |  |

**Ergebniss :**

| Kosten Kegelbahn | Sonstige Kosten | Spenden | Einnahmen Heute | letzter Kassenbestand | Kassenbestand Gesamt |
|---|---|---|---|---|---|
|  |  |  |  |  |  |

| Pudelkönig |  |
|---|---|
| Sieger |  |

**Datum :** ...............................  **Name des Kegelclubs:** ...............................

| Name | Beitrag | Strafen | Alle 9 | Kranz | Pudel | Klingel | Soll zahlen | hat gezahlt | noch offen | Bemerkungen |
|---|---|---|---|---|---|---|---|---|---|---|
|  |  |  |  |  |  |  |  |  |  |  |
|  |  |  |  |  |  |  |  |  |  |  |
|  |  |  |  |  |  |  |  |  |  |  |
|  |  |  |  |  |  |  |  |  |  |  |
|  |  |  |  |  |  |  |  |  |  |  |
|  |  |  |  |  |  |  |  |  |  |  |
|  |  |  |  |  |  |  |  |  |  |  |
|  |  |  |  |  |  |  |  |  |  |  |
|  |  |  |  |  |  |  |  |  |  |  |
|  |  |  |  |  |  |  |  |  |  |  |
|  |  |  |  |  |  |  |  |  |  |  |
|  |  |  |  |  |  |  |  |  |  |  |
|  |  |  |  |  |  |  |  |  |  |  |
|  |  |  |  |  |  |  |  |  |  |  |

**Ergebniss :**

| Kosten Kegelbahn | Sonstige Kosten | Spenden | Einnahmen Heute | letzter Kassenbestand | Kassenbestand Gesamt |
|---|---|---|---|---|---|
|  |  |  |  |  |  |

| Pudelkönig |  |
|---|---|
| Sieger |  |

**Datum :** .................................... **Name des Kegelclubs:** ....................................

| Name | Beitrag | Strafen | Alle 9 | Kranz | Pudel | Klingel | Soll zahlen | hat gezahlt | noch offen | Bemerkungen |
|---|---|---|---|---|---|---|---|---|---|---|
|  |  |  |  |  |  |  |  |  |  |  |
|  |  |  |  |  |  |  |  |  |  |  |
|  |  |  |  |  |  |  |  |  |  |  |
|  |  |  |  |  |  |  |  |  |  |  |
|  |  |  |  |  |  |  |  |  |  |  |
|  |  |  |  |  |  |  |  |  |  |  |
|  |  |  |  |  |  |  |  |  |  |  |
|  |  |  |  |  |  |  |  |  |  |  |
|  |  |  |  |  |  |  |  |  |  |  |
|  |  |  |  |  |  |  |  |  |  |  |
|  |  |  |  |  |  |  |  |  |  |  |
|  |  |  |  |  |  |  |  |  |  |  |
|  |  |  |  |  |  |  |  |  |  |  |
|  |  |  |  |  |  |  |  |  |  |  |

**Ergebniss :**

| Kosten Kegelbahn | Sonstige Kosten | Spenden | Einnahmen Heute | letzter Kassenbestand | Kassenbestand Gesamt |
|---|---|---|---|---|---|
|  |  |  |  |  |  |

| Pudelkönig |  |
|---|---|
| Sieger |  |

**Datum :** ........................  **Name des Kegelclubs:** ........................

| Name | Beitrag | Strafen | Alle 9 | Kranz | Pudel | Klingel | Soll zahlen | hat gezahlt | noch offen | Bemerkungen |
|---|---|---|---|---|---|---|---|---|---|---|
| | | | | | | | | | | |
| | | | | | | | | | | |
| | | | | | | | | | | |
| | | | | | | | | | | |
| | | | | | | | | | | |
| | | | | | | | | | | |
| | | | | | | | | | | |
| | | | | | | | | | | |
| | | | | | | | | | | |
| | | | | | | | | | | |
| | | | | | | | | | | |
| | | | | | | | | | | |
| | | | | | | | | | | |

**Ergebniss :**

| Kosten Kegelbahn | Sonstige Kosten | Spenden | Einnahmen Heute | letzter Kassenbestand | Kassenbestand Gesamt |
|---|---|---|---|---|---|
| | | | | | |

| | |
|---|---|
| Pudelkönig | |
| Sieger | |

**Datum :** .................................... **Name des Kegelclubs:** ....................................

| Name | Beitrag | Strafen | Alle 9 | Kranz | Pudel | Klingel | Soll zahlen | hat gezahlt | noch offen | Bemerkungen |
|---|---|---|---|---|---|---|---|---|---|---|
| | | | | | | | | | | |
| | | | | | | | | | | |
| | | | | | | | | | | |
| | | | | | | | | | | |
| | | | | | | | | | | |
| | | | | | | | | | | |
| | | | | | | | | | | |
| | | | | | | | | | | |
| | | | | | | | | | | |
| | | | | | | | | | | |
| | | | | | | | | | | |
| | | | | | | | | | | |
| | | | | | | | | | | |
| | | | | | | | | | | |

## Ergebniss :

| Kosten Kegelbahn | Sonstige Kosten | Spenden | Einnahmen Heute | letzter Kassenbestand | Kassenbestand Gesamt |
|---|---|---|---|---|---|
| | | | | | |

| Pudelkönig | |
|---|---|
| Sieger | |

**Datum :** .......................... **Name des Kegelclubs:** ..........................

| Name | Beitrag | Strafen | Alle 9 | Kranz | Pudel | Klingel | Soll zahlen | hat gezahlt | noch offen | Bemerkungen |
|---|---|---|---|---|---|---|---|---|---|---|
|  |  |  |  |  |  |  |  |  |  |  |
|  |  |  |  |  |  |  |  |  |  |  |
|  |  |  |  |  |  |  |  |  |  |  |
|  |  |  |  |  |  |  |  |  |  |  |
|  |  |  |  |  |  |  |  |  |  |  |
|  |  |  |  |  |  |  |  |  |  |  |
|  |  |  |  |  |  |  |  |  |  |  |
|  |  |  |  |  |  |  |  |  |  |  |
|  |  |  |  |  |  |  |  |  |  |  |
|  |  |  |  |  |  |  |  |  |  |  |
|  |  |  |  |  |  |  |  |  |  |  |
|  |  |  |  |  |  |  |  |  |  |  |
|  |  |  |  |  |  |  |  |  |  |  |
|  |  |  |  |  |  |  |  |  |  |  |

**Ergebniss :**

| Kosten Kegelbahn | Sonstige Kosten | Spenden | Einnahmen Heute | letzter Kassenbestand | Kassenbestand Gesamt |
|---|---|---|---|---|---|
|  |  |  |  |  |  |

| Pudelkönig |  |
|---|---|
| Sieger |  |

**Datum:** ....................  **Name des Kegelclubs:** ....................

| Name | Beitrag | Strafen | Alle 9 | Kranz | Pudel | Klingel | Soll zahlen | hat gezahlt | noch offen | Bemerkungen |
|------|---------|---------|--------|-------|-------|---------|-------------|-------------|------------|-------------|
|  |  |  |  |  |  |  |  |  |  |  |
|  |  |  |  |  |  |  |  |  |  |  |
|  |  |  |  |  |  |  |  |  |  |  |
|  |  |  |  |  |  |  |  |  |  |  |
|  |  |  |  |  |  |  |  |  |  |  |
|  |  |  |  |  |  |  |  |  |  |  |
|  |  |  |  |  |  |  |  |  |  |  |
|  |  |  |  |  |  |  |  |  |  |  |
|  |  |  |  |  |  |  |  |  |  |  |
|  |  |  |  |  |  |  |  |  |  |  |
|  |  |  |  |  |  |  |  |  |  |  |
|  |  |  |  |  |  |  |  |  |  |  |
|  |  |  |  |  |  |  |  |  |  |  |
|  |  |  |  |  |  |  |  |  |  |  |
|  |  |  |  |  |  |  |  |  |  |  |

**Ergebniss:**

| Kosten Kegelbahn | Sonstige Kosten | Spenden | Einnahmen Heute | letzter Kassenbestand | Kassenbestand Gesamt |
|------------------|-----------------|---------|-----------------|-----------------------|----------------------|
|  |  |  |  |  |  |

| Pudelkönig |  |
|------------|--|
| Sieger |  |

Datum :                                    Name des Kegelclubs:

| Name | Beitrag | Strafen | Alle 9 | Kranz | Pudel | Klingel | Soll zahlen | hat gezahlt | noch offen | Bemerkungen |
|---|---|---|---|---|---|---|---|---|---|---|
|  |  |  |  |  |  |  |  |  |  |  |
|  |  |  |  |  |  |  |  |  |  |  |
|  |  |  |  |  |  |  |  |  |  |  |
|  |  |  |  |  |  |  |  |  |  |  |
|  |  |  |  |  |  |  |  |  |  |  |
|  |  |  |  |  |  |  |  |  |  |  |
|  |  |  |  |  |  |  |  |  |  |  |
|  |  |  |  |  |  |  |  |  |  |  |
|  |  |  |  |  |  |  |  |  |  |  |
|  |  |  |  |  |  |  |  |  |  |  |
|  |  |  |  |  |  |  |  |  |  |  |
|  |  |  |  |  |  |  |  |  |  |  |

Ergebniss :

| Kosten Kegelbahn | Sonstige Kosten | Spenden | Einnahmen Heute | letzter Kassenbestand | Kassenbestand Gesamt |
|---|---|---|---|---|---|
|  |  |  |  |  |  |

| Pudelkönig |  |
|---|---|
| Sieger |  |

**Datum :** ........................................ **Name des Kegelclubs:** ........................................

| Name | Beitrag | Strafen | Alle 9 | Kranz | Pudel | Klingel | Soll zahlen | hat gezahlt | noch offen | Bemerkungen |
|---|---|---|---|---|---|---|---|---|---|---|
|  |  |  |  |  |  |  |  |  |  |  |
|  |  |  |  |  |  |  |  |  |  |  |
|  |  |  |  |  |  |  |  |  |  |  |
|  |  |  |  |  |  |  |  |  |  |  |
|  |  |  |  |  |  |  |  |  |  |  |
|  |  |  |  |  |  |  |  |  |  |  |
|  |  |  |  |  |  |  |  |  |  |  |
|  |  |  |  |  |  |  |  |  |  |  |
|  |  |  |  |  |  |  |  |  |  |  |
|  |  |  |  |  |  |  |  |  |  |  |
|  |  |  |  |  |  |  |  |  |  |  |
|  |  |  |  |  |  |  |  |  |  |  |
|  |  |  |  |  |  |  |  |  |  |  |
|  |  |  |  |  |  |  |  |  |  |  |
|  |  |  |  |  |  |  |  |  |  |  |

**Ergebniss :**

| Kosten Kegelbahn | Sonstige Kosten | Spenden | Einnahmen Heute | letzter Kassenbestand | Kassenbestand Gesamt |
|---|---|---|---|---|---|
|  |  |  |  |  |  |

| Pudelkönig |  |
|---|---|
| Sieger |  |

**Datum :** ...........................  **Name des Kegelclubs:** ...........................

| Name | Beitrag | Strafen | Alle 9 | Kranz | Pudel | Klingel | Soll zahlen | hat gezahlt | noch offen | Bemerkungen |
|---|---|---|---|---|---|---|---|---|---|---|
|  |  |  |  |  |  |  |  |  |  |  |
|  |  |  |  |  |  |  |  |  |  |  |
|  |  |  |  |  |  |  |  |  |  |  |
|  |  |  |  |  |  |  |  |  |  |  |
|  |  |  |  |  |  |  |  |  |  |  |
|  |  |  |  |  |  |  |  |  |  |  |
|  |  |  |  |  |  |  |  |  |  |  |
|  |  |  |  |  |  |  |  |  |  |  |
|  |  |  |  |  |  |  |  |  |  |  |
|  |  |  |  |  |  |  |  |  |  |  |
|  |  |  |  |  |  |  |  |  |  |  |
|  |  |  |  |  |  |  |  |  |  |  |
|  |  |  |  |  |  |  |  |  |  |  |
|  |  |  |  |  |  |  |  |  |  |  |

## Ergebniss :

| Kosten Kegelbahn | Sonstige Kosten | Spenden | Einnahmen Heute | letzter Kassenbestand | Kassenbestand Gesamt |
|---|---|---|---|---|---|
|  |  |  |  |  |  |

| | |
|---|---|
| Pudelkönig |  |
| Sieger |  |

**Datum :** ..........................  **Name des Kegelclubs:** ..........................

| Name | Beitrag | Strafen | Alle 9 | Kranz | Pudel | Klingel | Soll zahlen | hat gezahlt | noch offen | Bemerkungen |
|---|---|---|---|---|---|---|---|---|---|---|
|  |  |  |  |  |  |  |  |  |  |  |
|  |  |  |  |  |  |  |  |  |  |  |
|  |  |  |  |  |  |  |  |  |  |  |
|  |  |  |  |  |  |  |  |  |  |  |
|  |  |  |  |  |  |  |  |  |  |  |
|  |  |  |  |  |  |  |  |  |  |  |
|  |  |  |  |  |  |  |  |  |  |  |
|  |  |  |  |  |  |  |  |  |  |  |
|  |  |  |  |  |  |  |  |  |  |  |
|  |  |  |  |  |  |  |  |  |  |  |
|  |  |  |  |  |  |  |  |  |  |  |
|  |  |  |  |  |  |  |  |  |  |  |
|  |  |  |  |  |  |  |  |  |  |  |
|  |  |  |  |  |  |  |  |  |  |  |

**Ergebniss :**

| Kosten Kegelbahn | Sonstige Kosten | Spenden | Einnahmen Heute | letzter Kassenbestand | Kassenbestand Gesamt |
|---|---|---|---|---|---|
|  |  |  |  |  |  |

| Pudelkönig |  |
|---|---|
| Sieger |  |

# Name des Kegelclubs:

| Name | Beitrag | Strafen | Alle 9 | Kranz | Pudel | Klingel | Soll zahlen | hat gezahlt | noch offen | Bemerkungen |
|---|---|---|---|---|---|---|---|---|---|---|
|  |  |  |  |  |  |  |  |  |  |  |
|  |  |  |  |  |  |  |  |  |  |  |
|  |  |  |  |  |  |  |  |  |  |  |
|  |  |  |  |  |  |  |  |  |  |  |
|  |  |  |  |  |  |  |  |  |  |  |
|  |  |  |  |  |  |  |  |  |  |  |
|  |  |  |  |  |  |  |  |  |  |  |
|  |  |  |  |  |  |  |  |  |  |  |
|  |  |  |  |  |  |  |  |  |  |  |
|  |  |  |  |  |  |  |  |  |  |  |
|  |  |  |  |  |  |  |  |  |  |  |
|  |  |  |  |  |  |  |  |  |  |  |
|  |  |  |  |  |  |  |  |  |  |  |

## Ergebniss :

| Kosten Kegelbahn | Sonstige Kosten | Spenden | Einnahmen Heute | letzter Kassenbestand | Kassenbestand Gesamt |
|---|---|---|---|---|---|
|  |  |  |  |  |  |

| Pudelkönig |  |
|---|---|
| Sieger |  |

Datum :                                    Name des Kegelclubs:

| Name | Beitrag | Strafen | Alle 9 | Kranz | Pudel | Klingel | Soll zahlen | hat gezahlt | noch offen | Bemerkungen |
|---|---|---|---|---|---|---|---|---|---|---|
|  |  |  |  |  |  |  |  |  |  |  |
|  |  |  |  |  |  |  |  |  |  |  |
|  |  |  |  |  |  |  |  |  |  |  |
|  |  |  |  |  |  |  |  |  |  |  |
|  |  |  |  |  |  |  |  |  |  |  |
|  |  |  |  |  |  |  |  |  |  |  |
|  |  |  |  |  |  |  |  |  |  |  |
|  |  |  |  |  |  |  |  |  |  |  |
|  |  |  |  |  |  |  |  |  |  |  |
|  |  |  |  |  |  |  |  |  |  |  |
|  |  |  |  |  |  |  |  |  |  |  |
|  |  |  |  |  |  |  |  |  |  |  |
|  |  |  |  |  |  |  |  |  |  |  |

Ergebniss :

| Kosten Kegelbahn | Sonstige Kosten | Spenden | Einnahmen Heute | letzter Kassenbestand | Kassenbestand Gesamt |
|---|---|---|---|---|---|
|  |  |  |  |  |  |

| Pudelkönig |  |
|---|---|
| Sieger |  |

**Datum :** ....................  **Name des Kegelclubs:** ....................

| Name | Beitrag | Strafen | Alle 9 | Kranz | Pudel | Klingel | Soll zahlen | hat gezahlt | noch offen | Bemerkungen |
|---|---|---|---|---|---|---|---|---|---|---|
|  |  |  |  |  |  |  |  |  |  |  |
|  |  |  |  |  |  |  |  |  |  |  |
|  |  |  |  |  |  |  |  |  |  |  |
|  |  |  |  |  |  |  |  |  |  |  |
|  |  |  |  |  |  |  |  |  |  |  |
|  |  |  |  |  |  |  |  |  |  |  |
|  |  |  |  |  |  |  |  |  |  |  |
|  |  |  |  |  |  |  |  |  |  |  |
|  |  |  |  |  |  |  |  |  |  |  |
|  |  |  |  |  |  |  |  |  |  |  |
|  |  |  |  |  |  |  |  |  |  |  |
|  |  |  |  |  |  |  |  |  |  |  |
|  |  |  |  |  |  |  |  |  |  |  |
|  |  |  |  |  |  |  |  |  |  |  |

**Ergebniss :**

| Kosten Kegelbahn | Sonstige Kosten | Spenden | Einnahmen Heute | letzter Kassenbestand | Kassenbestand Gesamt |
|---|---|---|---|---|---|
|  |  |  |  |  |  |

| Pudelkönig |  |
|---|---|
| Sieger |  |

**Datum :** .............................. **Name des Kegelclubs:** ..............................

| Name | Beitrag | Strafen | Alle 9 | Kranz | Pudel | Klingel | Soll zahlen | hat gezahlt | noch offen | Bemerkungen |
|---|---|---|---|---|---|---|---|---|---|---|
|  |  |  |  |  |  |  |  |  |  |  |
|  |  |  |  |  |  |  |  |  |  |  |
|  |  |  |  |  |  |  |  |  |  |  |
|  |  |  |  |  |  |  |  |  |  |  |
|  |  |  |  |  |  |  |  |  |  |  |
|  |  |  |  |  |  |  |  |  |  |  |
|  |  |  |  |  |  |  |  |  |  |  |
|  |  |  |  |  |  |  |  |  |  |  |
|  |  |  |  |  |  |  |  |  |  |  |
|  |  |  |  |  |  |  |  |  |  |  |
|  |  |  |  |  |  |  |  |  |  |  |
|  |  |  |  |  |  |  |  |  |  |  |
|  |  |  |  |  |  |  |  |  |  |  |
|  |  |  |  |  |  |  |  |  |  |  |
|  |  |  |  |  |  |  |  |  |  |  |

**Ergebniss :**

| Kosten Kegelbahn | Sonstige Kosten | Spenden | Einnahmen Heute | letzter Kassenbestand | Kassenbestand Gesamt |
|---|---|---|---|---|---|
|  |  |  |  |  |  |

| | |
|---|---|
| Pudelkönig |  |
| Sieger |  |

**Datum :** ............................................  **Name des Kegelclubs:** ............................................

| Name | Beitrag | Strafen | Alle 9 | Kranz | Pudel | Klingel | Soll zahlen | hat gezahlt | noch offen | Bemerkungen |
|---|---|---|---|---|---|---|---|---|---|---|
|  |  |  |  |  |  |  |  |  |  |  |
|  |  |  |  |  |  |  |  |  |  |  |
|  |  |  |  |  |  |  |  |  |  |  |
|  |  |  |  |  |  |  |  |  |  |  |
|  |  |  |  |  |  |  |  |  |  |  |
|  |  |  |  |  |  |  |  |  |  |  |
|  |  |  |  |  |  |  |  |  |  |  |
|  |  |  |  |  |  |  |  |  |  |  |
|  |  |  |  |  |  |  |  |  |  |  |
|  |  |  |  |  |  |  |  |  |  |  |
|  |  |  |  |  |  |  |  |  |  |  |
|  |  |  |  |  |  |  |  |  |  |  |
|  |  |  |  |  |  |  |  |  |  |  |
|  |  |  |  |  |  |  |  |  |  |  |

## Ergebniss :

| Kosten Kegelbahn | Sonstige Kosten | Spenden | Einnahmen Heute | letzter Kassenbestand | Kassenbestand Gesamt |
|---|---|---|---|---|---|
|  |  |  |  |  |  |

| | |
|---|---|
| Pudelkönig |  |
| Sieger |  |

**Datum:** .................

**Name des Kegelclubs:** .................

| Name | Beitrag | Strafen | Alle 9 | Kranz | Pudel | Klingel | Soll zahlen | hat gezahlt | noch offen | Bemerkungen |
|---|---|---|---|---|---|---|---|---|---|---|
|  |  |  |  |  |  |  |  |  |  |  |
|  |  |  |  |  |  |  |  |  |  |  |
|  |  |  |  |  |  |  |  |  |  |  |
|  |  |  |  |  |  |  |  |  |  |  |
|  |  |  |  |  |  |  |  |  |  |  |
|  |  |  |  |  |  |  |  |  |  |  |
|  |  |  |  |  |  |  |  |  |  |  |
|  |  |  |  |  |  |  |  |  |  |  |
|  |  |  |  |  |  |  |  |  |  |  |
|  |  |  |  |  |  |  |  |  |  |  |
|  |  |  |  |  |  |  |  |  |  |  |
|  |  |  |  |  |  |  |  |  |  |  |
|  |  |  |  |  |  |  |  |  |  |  |
|  |  |  |  |  |  |  |  |  |  |  |

## Ergebniss:

| Kosten Kegelbahn | Sonstige Kosten | Spenden | Einnahmen Heute | letzter Kassenbestand | Kassenbestand Gesamt |
|---|---|---|---|---|---|
|  |  |  |  |  |  |

| | |
|---|---|
| Pudelkönig |  |
| Sieger |  |

**Datum :** ............    **Name des Kegelclubs:** ............

| Name | Beitrag | Strafen | Alle 9 | Kranz | Pudel | Klingel | Soll zahlen | hat gezahlt | noch offen | Bemerkungen |
|---|---|---|---|---|---|---|---|---|---|---|
|  |  |  |  |  |  |  |  |  |  |  |
|  |  |  |  |  |  |  |  |  |  |  |
|  |  |  |  |  |  |  |  |  |  |  |
|  |  |  |  |  |  |  |  |  |  |  |
|  |  |  |  |  |  |  |  |  |  |  |
|  |  |  |  |  |  |  |  |  |  |  |
|  |  |  |  |  |  |  |  |  |  |  |
|  |  |  |  |  |  |  |  |  |  |  |
|  |  |  |  |  |  |  |  |  |  |  |
|  |  |  |  |  |  |  |  |  |  |  |
|  |  |  |  |  |  |  |  |  |  |  |
|  |  |  |  |  |  |  |  |  |  |  |
|  |  |  |  |  |  |  |  |  |  |  |

**Ergebniss :**

| Kosten Kegelbahn | Sonstige Kosten | Spenden | Einnahmen Heute | letzter Kassenbestand | Kassenbestand Gesamt |
|---|---|---|---|---|---|
|  |  |  |  |  |  |

| Pudelkönig |  |
|---|---|
| Sieger |  |

**Datum :** ........................  **Name des Kegelclubs:** ........................

| Name | Beitrag | Strafen | Alle 9 | Kranz | Pudel | Klingel | Soll zahlen | hat gezahlt | noch offen | Bemerkungen |
|---|---|---|---|---|---|---|---|---|---|---|
|  |  |  |  |  |  |  |  |  |  |  |
|  |  |  |  |  |  |  |  |  |  |  |
|  |  |  |  |  |  |  |  |  |  |  |
|  |  |  |  |  |  |  |  |  |  |  |
|  |  |  |  |  |  |  |  |  |  |  |
|  |  |  |  |  |  |  |  |  |  |  |
|  |  |  |  |  |  |  |  |  |  |  |
|  |  |  |  |  |  |  |  |  |  |  |
|  |  |  |  |  |  |  |  |  |  |  |
|  |  |  |  |  |  |  |  |  |  |  |
|  |  |  |  |  |  |  |  |  |  |  |
|  |  |  |  |  |  |  |  |  |  |  |
|  |  |  |  |  |  |  |  |  |  |  |

**Ergebniss :**

| Kosten Kegelbahn | Sonstige Kosten | Spenden | Einnahmen Heute | letzter Kassenbestand | Kassenbestand Gesamt |
|---|---|---|---|---|---|
|  |  |  |  |  |  |

| Pudelkönig |  |
|---|---|
| Sieger |  |

**Datum :** ...................................  **Name des Kegelclubs:** ...................................

| Name | Beitrag | Strafen | Alle 9 | Kranz | Pudel | Klingel | Soll zahlen | hat gezahlt | noch offen | Bemerkungen |
|---|---|---|---|---|---|---|---|---|---|---|
|  |  |  |  |  |  |  |  |  |  |  |
|  |  |  |  |  |  |  |  |  |  |  |
|  |  |  |  |  |  |  |  |  |  |  |
|  |  |  |  |  |  |  |  |  |  |  |
|  |  |  |  |  |  |  |  |  |  |  |
|  |  |  |  |  |  |  |  |  |  |  |
|  |  |  |  |  |  |  |  |  |  |  |
|  |  |  |  |  |  |  |  |  |  |  |
|  |  |  |  |  |  |  |  |  |  |  |
|  |  |  |  |  |  |  |  |  |  |  |
|  |  |  |  |  |  |  |  |  |  |  |
|  |  |  |  |  |  |  |  |  |  |  |
|  |  |  |  |  |  |  |  |  |  |  |
|  |  |  |  |  |  |  |  |  |  |  |

**Ergebniss :**

| Kosten Kegelbahn | Sonstige Kosten | Spenden | Einnahmen Heute | letzter Kassenbestand | Kassenbestand Gesamt |
|---|---|---|---|---|---|
|  |  |  |  |  |  |

| Pudelkönig |  |
|---|---|
| Sieger |  |

**Datum :** ............................  **Name des Kegelclubs:** ............................

| Name | Beitrag | Strafen | Alle 9 | Kranz | Pudel | Klingel | Soll zahlen | hat gezahlt | noch offen | Bemerkungen |
|---|---|---|---|---|---|---|---|---|---|---|
|  |  |  |  |  |  |  |  |  |  |  |
|  |  |  |  |  |  |  |  |  |  |  |
|  |  |  |  |  |  |  |  |  |  |  |
|  |  |  |  |  |  |  |  |  |  |  |
|  |  |  |  |  |  |  |  |  |  |  |
|  |  |  |  |  |  |  |  |  |  |  |
|  |  |  |  |  |  |  |  |  |  |  |
|  |  |  |  |  |  |  |  |  |  |  |
|  |  |  |  |  |  |  |  |  |  |  |
|  |  |  |  |  |  |  |  |  |  |  |
|  |  |  |  |  |  |  |  |  |  |  |
|  |  |  |  |  |  |  |  |  |  |  |
|  |  |  |  |  |  |  |  |  |  |  |
|  |  |  |  |  |  |  |  |  |  |  |

**Ergebniss :**

| Kosten Kegelbahn | Sonstige Kosten | Spenden | Einnahmen Heute | letzter Kassenbestand | Kassenbestand Gesamt |
|---|---|---|---|---|---|
|  |  |  |  |  |  |

| Pudelkönig |  |
|---|---|
| Sieger |  |

**Datum :** .................  **Name des Kegelclubs:** .................

| Name | Beitrag | Strafen | Alle 9 | Kranz | Pudel | Klingel | Soll zahlen | hat gezahlt | noch offen | Bemerkungen |
|---|---|---|---|---|---|---|---|---|---|---|
|  |  |  |  |  |  |  |  |  |  |  |
|  |  |  |  |  |  |  |  |  |  |  |
|  |  |  |  |  |  |  |  |  |  |  |
|  |  |  |  |  |  |  |  |  |  |  |
|  |  |  |  |  |  |  |  |  |  |  |
|  |  |  |  |  |  |  |  |  |  |  |
|  |  |  |  |  |  |  |  |  |  |  |
|  |  |  |  |  |  |  |  |  |  |  |
|  |  |  |  |  |  |  |  |  |  |  |
|  |  |  |  |  |  |  |  |  |  |  |
|  |  |  |  |  |  |  |  |  |  |  |
|  |  |  |  |  |  |  |  |  |  |  |
|  |  |  |  |  |  |  |  |  |  |  |

## Ergebniss :

| Kosten Kegelbahn | Sonstige Kosten | Spenden | Einnahmen Heute | letzter Kassenbestand | Kassenbestand Gesamt |
|---|---|---|---|---|---|
|  |  |  |  |  |  |

| Pudelkönig |  |
|---|---|
| Sieger |  |

**Datum :** ............................  **Name des Kegelclubs:** ...........................

| Name | Beitrag | Strafen | Alle 9 | Kranz | Pudel | Klingel | Soll zahlen | hat gezahlt | noch offen | Bemerkungen |
|---|---|---|---|---|---|---|---|---|---|---|
|  |  |  |  |  |  |  |  |  |  |  |
|  |  |  |  |  |  |  |  |  |  |  |
|  |  |  |  |  |  |  |  |  |  |  |
|  |  |  |  |  |  |  |  |  |  |  |
|  |  |  |  |  |  |  |  |  |  |  |
|  |  |  |  |  |  |  |  |  |  |  |
|  |  |  |  |  |  |  |  |  |  |  |
|  |  |  |  |  |  |  |  |  |  |  |
|  |  |  |  |  |  |  |  |  |  |  |
|  |  |  |  |  |  |  |  |  |  |  |
|  |  |  |  |  |  |  |  |  |  |  |
|  |  |  |  |  |  |  |  |  |  |  |
|  |  |  |  |  |  |  |  |  |  |  |

## Ergebniss :

| Kosten Kegelbahn | Sonstige Kosten | Spenden | Einnahmen Heute | letzter Kassenbestand | Kassenbestand Gesamt |
|---|---|---|---|---|---|
|  |  |  |  |  |  |

| Pudelkönig |  |
|---|---|
| Sieger |  |

**Datum :** ...................  **Name des Kegelclubs:** ...................

| Name | Beitrag | Strafen | Alle 9 | Kranz | Pudel | Klingel | Soll zahlen | hat gezahlt | noch offen | Bemerkungen |
|------|---------|---------|--------|-------|-------|---------|-------------|-------------|------------|-------------|
|  |  |  |  |  |  |  |  |  |  |  |
|  |  |  |  |  |  |  |  |  |  |  |
|  |  |  |  |  |  |  |  |  |  |  |
|  |  |  |  |  |  |  |  |  |  |  |
|  |  |  |  |  |  |  |  |  |  |  |
|  |  |  |  |  |  |  |  |  |  |  |
|  |  |  |  |  |  |  |  |  |  |  |
|  |  |  |  |  |  |  |  |  |  |  |
|  |  |  |  |  |  |  |  |  |  |  |
|  |  |  |  |  |  |  |  |  |  |  |
|  |  |  |  |  |  |  |  |  |  |  |
|  |  |  |  |  |  |  |  |  |  |  |
|  |  |  |  |  |  |  |  |  |  |  |
|  |  |  |  |  |  |  |  |  |  |  |

## Ergebniss :

| Kosten Kegelbahn | Sonstige Kosten | Spenden | Einnahmen Heute | letzter Kassenbestand | Kassenbestand Gesamt |
|------------------|-----------------|---------|-----------------|-----------------------|----------------------|
|  |  |  |  |  |  |

| Pudelkönig |  |
|------------|--|
| Sieger |  |

**Datum:** .................................... **Name des Kegelclubs:** ....................................

| Name | Beitrag | Strafen | Alle 9 | Kranz | Pudel | Klingel | Soll zahlen | hat gezahlt | noch offen | Bemerkungen |
|---|---|---|---|---|---|---|---|---|---|---|
|  |  |  |  |  |  |  |  |  |  |  |
|  |  |  |  |  |  |  |  |  |  |  |
|  |  |  |  |  |  |  |  |  |  |  |
|  |  |  |  |  |  |  |  |  |  |  |
|  |  |  |  |  |  |  |  |  |  |  |
|  |  |  |  |  |  |  |  |  |  |  |
|  |  |  |  |  |  |  |  |  |  |  |
|  |  |  |  |  |  |  |  |  |  |  |
|  |  |  |  |  |  |  |  |  |  |  |
|  |  |  |  |  |  |  |  |  |  |  |
|  |  |  |  |  |  |  |  |  |  |  |
|  |  |  |  |  |  |  |  |  |  |  |
|  |  |  |  |  |  |  |  |  |  |  |

## Ergebniss:

| Kosten Kegelbahn | Sonstige Kosten | Spenden | Einnahmen Heute | letzter Kassenbestand | Kassenbestand Gesamt |
|---|---|---|---|---|---|
|  |  |  |  |  |  |

| | |
|---|---|
| Pudelkönig |  |
| Sieger |  |

**Datum :** .................... **Name des Kegelclubs:** ....................

| Name | Beitrag | Strafen | Alle 9 | Kranz | Pudel | Klingel | Soll zahlen | hat gezahlt | noch offen | Bemerkungen |
|---|---|---|---|---|---|---|---|---|---|---|
|  |  |  |  |  |  |  |  |  |  |  |
|  |  |  |  |  |  |  |  |  |  |  |
|  |  |  |  |  |  |  |  |  |  |  |
|  |  |  |  |  |  |  |  |  |  |  |
|  |  |  |  |  |  |  |  |  |  |  |
|  |  |  |  |  |  |  |  |  |  |  |
|  |  |  |  |  |  |  |  |  |  |  |
|  |  |  |  |  |  |  |  |  |  |  |
|  |  |  |  |  |  |  |  |  |  |  |
|  |  |  |  |  |  |  |  |  |  |  |
|  |  |  |  |  |  |  |  |  |  |  |
|  |  |  |  |  |  |  |  |  |  |  |
|  |  |  |  |  |  |  |  |  |  |  |

**Ergebniss :**

| Kosten Kegelbahn | Sonstige Kosten | Spenden | Einnahmen Heute | letzter Kassenbestand | Kassenbestand Gesamt |
|---|---|---|---|---|---|
|  |  |  |  |  |  |

| Pudelkönig |  |
|---|---|
| Sieger |  |

**Datum :** .................. **Name des Kegelclubs:** ..................

| Name | Beitrag | Strafen | Alle 9 | Kranz | Pudel | Klingel | Soll zahlen | hat gezahlt | noch offen | Bemerkungen |
|---|---|---|---|---|---|---|---|---|---|---|
|  |  |  |  |  |  |  |  |  |  |  |
|  |  |  |  |  |  |  |  |  |  |  |
|  |  |  |  |  |  |  |  |  |  |  |
|  |  |  |  |  |  |  |  |  |  |  |
|  |  |  |  |  |  |  |  |  |  |  |
|  |  |  |  |  |  |  |  |  |  |  |
|  |  |  |  |  |  |  |  |  |  |  |
|  |  |  |  |  |  |  |  |  |  |  |
|  |  |  |  |  |  |  |  |  |  |  |
|  |  |  |  |  |  |  |  |  |  |  |
|  |  |  |  |  |  |  |  |  |  |  |
|  |  |  |  |  |  |  |  |  |  |  |
|  |  |  |  |  |  |  |  |  |  |  |
|  |  |  |  |  |  |  |  |  |  |  |

**Ergebniss :**

| Kosten Kegelbahn | Sonstige Kosten | Spenden | Einnahmen Heute | letzter Kassenbestand | Kassenbestand Gesamt |
|---|---|---|---|---|---|
|  |  |  |  |  |  |

| Pudelkönig |  |
|---|---|
| Sieger |  |

**Datum :** ............................  **Name des Kegelclubs:** ............................

| Name | Beitrag | Strafen | Alle 9 | Kranz | Pudel | Klingel | Soll zahlen | hat gezahlt | noch offen | Bemerkungen |
|---|---|---|---|---|---|---|---|---|---|---|
|  |  |  |  |  |  |  |  |  |  |  |
|  |  |  |  |  |  |  |  |  |  |  |
|  |  |  |  |  |  |  |  |  |  |  |
|  |  |  |  |  |  |  |  |  |  |  |
|  |  |  |  |  |  |  |  |  |  |  |
|  |  |  |  |  |  |  |  |  |  |  |
|  |  |  |  |  |  |  |  |  |  |  |
|  |  |  |  |  |  |  |  |  |  |  |
|  |  |  |  |  |  |  |  |  |  |  |
|  |  |  |  |  |  |  |  |  |  |  |
|  |  |  |  |  |  |  |  |  |  |  |
|  |  |  |  |  |  |  |  |  |  |  |
|  |  |  |  |  |  |  |  |  |  |  |
|  |  |  |  |  |  |  |  |  |  |  |

**Ergebniss :**

| Kosten Kegelbahn | Sonstige Kosten | Spenden | Einnahmen Heute | letzter Kassenbestand | Kassenbestand Gesamt |
|---|---|---|---|---|---|
|  |  |  |  |  |  |

| Pudelkönig |  |
|---|---|
| Sieger |  |

**Datum :** .................

**Name des Kegelclubs:** .................

| Name | Beitrag | Strafen | Alle 9 | Kranz | Pudel | Klingel | Soll zahlen | hat gezahlt | noch offen | Bemerkungen |
|---|---|---|---|---|---|---|---|---|---|---|
|  |  |  |  |  |  |  |  |  |  |  |
|  |  |  |  |  |  |  |  |  |  |  |
|  |  |  |  |  |  |  |  |  |  |  |
|  |  |  |  |  |  |  |  |  |  |  |
|  |  |  |  |  |  |  |  |  |  |  |
|  |  |  |  |  |  |  |  |  |  |  |
|  |  |  |  |  |  |  |  |  |  |  |
|  |  |  |  |  |  |  |  |  |  |  |
|  |  |  |  |  |  |  |  |  |  |  |
|  |  |  |  |  |  |  |  |  |  |  |
|  |  |  |  |  |  |  |  |  |  |  |
|  |  |  |  |  |  |  |  |  |  |  |
|  |  |  |  |  |  |  |  |  |  |  |
|  |  |  |  |  |  |  |  |  |  |  |

## Ergebniss :

| Kosten Kegelbahn | Sonstige Kosten | Spenden | Einnahmen Heute | letzter Kassenbestand | Kassenbestand Gesamt |
|---|---|---|---|---|---|
|  |  |  |  |  |  |

| Pudelkönig |  |
|---|---|
| Sieger |  |

**Datum :** ..............................  **Name des Kegelclubs:** ..............................

| Name | Beitrag | Strafen | Alle 9 | Kranz | Pudel | Klingel | Soll zahlen | hat gezahlt | noch offen | Bemerkungen |
|---|---|---|---|---|---|---|---|---|---|---|
|  |  |  |  |  |  |  |  |  |  |  |
|  |  |  |  |  |  |  |  |  |  |  |
|  |  |  |  |  |  |  |  |  |  |  |
|  |  |  |  |  |  |  |  |  |  |  |
|  |  |  |  |  |  |  |  |  |  |  |
|  |  |  |  |  |  |  |  |  |  |  |
|  |  |  |  |  |  |  |  |  |  |  |
|  |  |  |  |  |  |  |  |  |  |  |
|  |  |  |  |  |  |  |  |  |  |  |
|  |  |  |  |  |  |  |  |  |  |  |
|  |  |  |  |  |  |  |  |  |  |  |
|  |  |  |  |  |  |  |  |  |  |  |
|  |  |  |  |  |  |  |  |  |  |  |
|  |  |  |  |  |  |  |  |  |  |  |

**Ergebniss :**

| Kosten Kegelbahn | Sonstige Kosten | Spenden | Einnahmen Heute | letzter Kassenbestand | Kassenbestand Gesamt |
|---|---|---|---|---|---|
|  |  |  |  |  |  |

| Pudelkönig |  |
|---|---|
| Sieger |  |

# Name des Kegelclubs: .................

| Name | Beitrag | Strafen | Alle 9 | Kranz | Pudel | Klingel | Soll zahlen | hat gezahlt | noch offen | Bemerkungen |
|---|---|---|---|---|---|---|---|---|---|---|
|  |  |  |  |  |  |  |  |  |  |  |
|  |  |  |  |  |  |  |  |  |  |  |
|  |  |  |  |  |  |  |  |  |  |  |
|  |  |  |  |  |  |  |  |  |  |  |
|  |  |  |  |  |  |  |  |  |  |  |
|  |  |  |  |  |  |  |  |  |  |  |
|  |  |  |  |  |  |  |  |  |  |  |
|  |  |  |  |  |  |  |  |  |  |  |
|  |  |  |  |  |  |  |  |  |  |  |
|  |  |  |  |  |  |  |  |  |  |  |
|  |  |  |  |  |  |  |  |  |  |  |
|  |  |  |  |  |  |  |  |  |  |  |
|  |  |  |  |  |  |  |  |  |  |  |
|  |  |  |  |  |  |  |  |  |  |  |
|  |  |  |  |  |  |  |  |  |  |  |

## Ergebniss:

| Kosten Kegelbahn | Sonstige Kosten | Spenden | Einnahmen Heute | letzter Kassenbestand | Kassenbestand Gesamt |
|---|---|---|---|---|---|
|  |  |  |  |  |  |

| Pudelkönig |  |
|---|---|
| Sieger |  |

**Datum :** ..........................    **Name des Kegelclubs:** ..........................

| Name | Beitrag | Strafen | Alle 9 | Kranz | Pudel | Klingel | Soll zahlen | hat gezahlt | noch offen | Bemerkungen |
|---|---|---|---|---|---|---|---|---|---|---|
|  |  |  |  |  |  |  |  |  |  |  |
|  |  |  |  |  |  |  |  |  |  |  |
|  |  |  |  |  |  |  |  |  |  |  |
|  |  |  |  |  |  |  |  |  |  |  |
|  |  |  |  |  |  |  |  |  |  |  |
|  |  |  |  |  |  |  |  |  |  |  |
|  |  |  |  |  |  |  |  |  |  |  |
|  |  |  |  |  |  |  |  |  |  |  |
|  |  |  |  |  |  |  |  |  |  |  |
|  |  |  |  |  |  |  |  |  |  |  |
|  |  |  |  |  |  |  |  |  |  |  |
|  |  |  |  |  |  |  |  |  |  |  |
|  |  |  |  |  |  |  |  |  |  |  |
|  |  |  |  |  |  |  |  |  |  |  |

**Ergebniss :**

| Kosten Kegelbahn | Sonstige Kosten | Spenden | Einnahmen Heute | letzter Kassenbestand | Kassenbestand Gesamt |
|---|---|---|---|---|---|
|  |  |  |  |  |  |

| | |
|---|---|
| Pudelkönig |  |
| Sieger |  |

**Datum :** .............................  **Name des Kegelclubs:** .............................

| Name | Beitrag | Strafen | Alle 9 | Kranz | Pudel | Klingel | Soll zahlen | hat gezahlt | noch offen | Bemerkungen |
|---|---|---|---|---|---|---|---|---|---|---|
|  |  |  |  |  |  |  |  |  |  |  |
|  |  |  |  |  |  |  |  |  |  |  |
|  |  |  |  |  |  |  |  |  |  |  |
|  |  |  |  |  |  |  |  |  |  |  |
|  |  |  |  |  |  |  |  |  |  |  |
|  |  |  |  |  |  |  |  |  |  |  |
|  |  |  |  |  |  |  |  |  |  |  |
|  |  |  |  |  |  |  |  |  |  |  |
|  |  |  |  |  |  |  |  |  |  |  |
|  |  |  |  |  |  |  |  |  |  |  |
|  |  |  |  |  |  |  |  |  |  |  |
|  |  |  |  |  |  |  |  |  |  |  |
|  |  |  |  |  |  |  |  |  |  |  |

**Ergebniss :**

| Kosten Kegelbahn | Sonstige Kosten | Spenden | Einnahmen Heute | letzter Kassenbestand | Kassenbestand Gesamt |
|---|---|---|---|---|---|
|  |  |  |  |  |  |

| Pudelkönig |  |
|---|---|
| Sieger |  |

**Datum :** ...................................... **Name des Kegelclubs:** ......................................

| Name | Beitrag | Strafen | Alle 9 | Kranz | Pudel | Klingel | Soll zahlen | hat gezahlt | noch offen | Bemerkungen |
|---|---|---|---|---|---|---|---|---|---|---|
| | | | | | | | | | | |
| | | | | | | | | | | |
| | | | | | | | | | | |
| | | | | | | | | | | |
| | | | | | | | | | | |
| | | | | | | | | | | |
| | | | | | | | | | | |
| | | | | | | | | | | |
| | | | | | | | | | | |
| | | | | | | | | | | |
| | | | | | | | | | | |
| | | | | | | | | | | |
| | | | | | | | | | | |
| | | | | | | | | | | |

## Ergebniss :

| Kosten Kegelbahn | Sonstige Kosten | Spenden | Einnahmen Heute | letzter Kassenbestand | Kassenbestand Gesamt |
|---|---|---|---|---|---|
| | | | | | |

| | |
|---|---|
| Pudelkönig | |
| Sieger | |

**Datum:** ............................ **Name des Kegelclubs:** ............................

| Name | Beitrag | Strafen | Alle 9 | Kranz | Pudel | Klingel | Soll zahlen | hat gezahlt | noch offen | Bemerkungen |
|---|---|---|---|---|---|---|---|---|---|---|
|  |  |  |  |  |  |  |  |  |  |  |
|  |  |  |  |  |  |  |  |  |  |  |
|  |  |  |  |  |  |  |  |  |  |  |
|  |  |  |  |  |  |  |  |  |  |  |
|  |  |  |  |  |  |  |  |  |  |  |
|  |  |  |  |  |  |  |  |  |  |  |
|  |  |  |  |  |  |  |  |  |  |  |
|  |  |  |  |  |  |  |  |  |  |  |
|  |  |  |  |  |  |  |  |  |  |  |
|  |  |  |  |  |  |  |  |  |  |  |
|  |  |  |  |  |  |  |  |  |  |  |
|  |  |  |  |  |  |  |  |  |  |  |
|  |  |  |  |  |  |  |  |  |  |  |
|  |  |  |  |  |  |  |  |  |  |  |
|  |  |  |  |  |  |  |  |  |  |  |

**Ergebniss:**

| Kosten Kegelbahn | Sonstige Kosten | Spenden | Einnahmen Heute | letzter Kassenbestand | Kassenbestand Gesamt |
|---|---|---|---|---|---|
|  |  |  |  |  |  |

| Pudelkönig |  |
|---|---|
| Sieger |  |

**Datum :** .............................................  **Name des Kegelclubs:** .............................................

| Name | Beitrag | Strafen | Alle 9 | Kranz | Pudel | Klingel | Soll zahlen | hat gezahlt | noch offen | Bemerkungen |
|---|---|---|---|---|---|---|---|---|---|---|
|  |  |  |  |  |  |  |  |  |  |  |
|  |  |  |  |  |  |  |  |  |  |  |
|  |  |  |  |  |  |  |  |  |  |  |
|  |  |  |  |  |  |  |  |  |  |  |
|  |  |  |  |  |  |  |  |  |  |  |
|  |  |  |  |  |  |  |  |  |  |  |
|  |  |  |  |  |  |  |  |  |  |  |
|  |  |  |  |  |  |  |  |  |  |  |
|  |  |  |  |  |  |  |  |  |  |  |
|  |  |  |  |  |  |  |  |  |  |  |
|  |  |  |  |  |  |  |  |  |  |  |
|  |  |  |  |  |  |  |  |  |  |  |
|  |  |  |  |  |  |  |  |  |  |  |
|  |  |  |  |  |  |  |  |  |  |  |

**Ergebniss :**

| Kosten Kegelbahn | Sonstige Kosten | Spenden | Einnahmen Heute | letzter Kassenbestand | Kassenbestand Gesamt |
|---|---|---|---|---|---|
|  |  |  |  |  |  |

| Pudelkönig |  |
|---|---|
| Sieger |  |

**Datum :** ...................... **Name des Kegelclubs:** ......................

| Name | Beitrag | Strafen | Alle 9 | Kranz | Pudel | Klingel | Soll zahlen | hat gezahlt | noch offen | Bemerkungen |
|---|---|---|---|---|---|---|---|---|---|---|
|  |  |  |  |  |  |  |  |  |  |  |
|  |  |  |  |  |  |  |  |  |  |  |
|  |  |  |  |  |  |  |  |  |  |  |
|  |  |  |  |  |  |  |  |  |  |  |
|  |  |  |  |  |  |  |  |  |  |  |
|  |  |  |  |  |  |  |  |  |  |  |
|  |  |  |  |  |  |  |  |  |  |  |
|  |  |  |  |  |  |  |  |  |  |  |
|  |  |  |  |  |  |  |  |  |  |  |
|  |  |  |  |  |  |  |  |  |  |  |
|  |  |  |  |  |  |  |  |  |  |  |
|  |  |  |  |  |  |  |  |  |  |  |
|  |  |  |  |  |  |  |  |  |  |  |

**Ergebniss :**

| Kosten Kegelbahn | Sonstige Kosten | Spenden | Einnahmen Heute | letzter Kassenbestand | Kassenbestand Gesamt |
|---|---|---|---|---|---|
|  |  |  |  |  |  |

| | |
|---|---|
| Pudelkönig |  |
| Sieger |  |

**Datum :** ..........  **Name des Kegelclubs:** ..........

| Name | Beitrag | Strafen | Alle 9 | Kranz | Pudel | Klingel | Soll zahlen | hat gezahlt | noch offen | Bemerkungen |
|---|---|---|---|---|---|---|---|---|---|---|
|  |  |  |  |  |  |  |  |  |  |  |
|  |  |  |  |  |  |  |  |  |  |  |
|  |  |  |  |  |  |  |  |  |  |  |
|  |  |  |  |  |  |  |  |  |  |  |
|  |  |  |  |  |  |  |  |  |  |  |
|  |  |  |  |  |  |  |  |  |  |  |
|  |  |  |  |  |  |  |  |  |  |  |
|  |  |  |  |  |  |  |  |  |  |  |
|  |  |  |  |  |  |  |  |  |  |  |
|  |  |  |  |  |  |  |  |  |  |  |
|  |  |  |  |  |  |  |  |  |  |  |
|  |  |  |  |  |  |  |  |  |  |  |
|  |  |  |  |  |  |  |  |  |  |  |
|  |  |  |  |  |  |  |  |  |  |  |

**Ergebniss :**

| Kosten Kegelbahn | Sonstige Kosten | Spenden | Einnahmen Heute | letzter Kassenbestand | Kassenbestand Gesamt |
|---|---|---|---|---|---|
|  |  |  |  |  |  |

| Pudelkönig |  |
|---|---|
| Sieger |  |

**Datum :** ..............................  **Name des Kegelclubs:** ..............................

| Name | Beitrag | Strafen | Alle 9 | Kranz | Pudel | Klingel | Soll zahlen | hat gezahlt | noch offen | Bemerkungen |
|---|---|---|---|---|---|---|---|---|---|---|
|  |  |  |  |  |  |  |  |  |  |  |
|  |  |  |  |  |  |  |  |  |  |  |
|  |  |  |  |  |  |  |  |  |  |  |
|  |  |  |  |  |  |  |  |  |  |  |
|  |  |  |  |  |  |  |  |  |  |  |
|  |  |  |  |  |  |  |  |  |  |  |
|  |  |  |  |  |  |  |  |  |  |  |
|  |  |  |  |  |  |  |  |  |  |  |
|  |  |  |  |  |  |  |  |  |  |  |
|  |  |  |  |  |  |  |  |  |  |  |
|  |  |  |  |  |  |  |  |  |  |  |
|  |  |  |  |  |  |  |  |  |  |  |
|  |  |  |  |  |  |  |  |  |  |  |

**Ergebniss :**

| Kosten Kegelbahn | Sonstige Kosten | Spenden | Einnahmen Heute | letzter Kassenbestand | Kassenbestand Gesamt |
|---|---|---|---|---|---|
|  |  |  |  |  |  |

| Pudelkönig |  |
|---|---|
| Sieger |  |

**Datum :** .................

**Name des Kegelclubs:** .................

| Name | Beitrag | Strafen | Alle 9 | Kranz | Pudel | Klingel | Soll zahlen | hat gezahlt | noch offen | Bemerkungen |
|---|---|---|---|---|---|---|---|---|---|---|
|  |  |  |  |  |  |  |  |  |  |  |
|  |  |  |  |  |  |  |  |  |  |  |
|  |  |  |  |  |  |  |  |  |  |  |
|  |  |  |  |  |  |  |  |  |  |  |
|  |  |  |  |  |  |  |  |  |  |  |
|  |  |  |  |  |  |  |  |  |  |  |
|  |  |  |  |  |  |  |  |  |  |  |
|  |  |  |  |  |  |  |  |  |  |  |
|  |  |  |  |  |  |  |  |  |  |  |
|  |  |  |  |  |  |  |  |  |  |  |
|  |  |  |  |  |  |  |  |  |  |  |
|  |  |  |  |  |  |  |  |  |  |  |

**Ergebniss :**

| Kosten Kegelbahn | Sonstige Kosten | Spenden | Einnahmen Heute | letzter Kassenbestand | Kassenbestand Gesamt |
|---|---|---|---|---|---|
|  |  |  |  |  |  |

| Pudelkönig |  |
|---|---|
| Sieger |  |

**Datum :** ...........................  **Name des Kegelclubs:** ...........................

| Name | Beitrag | Strafen | Alle 9 | Kranz | Pudel | Klingel | Soll zahlen | hat gezahlt | noch offen | Bemerkungen |
|---|---|---|---|---|---|---|---|---|---|---|
|  |  |  |  |  |  |  |  |  |  |  |
|  |  |  |  |  |  |  |  |  |  |  |
|  |  |  |  |  |  |  |  |  |  |  |
|  |  |  |  |  |  |  |  |  |  |  |
|  |  |  |  |  |  |  |  |  |  |  |
|  |  |  |  |  |  |  |  |  |  |  |
|  |  |  |  |  |  |  |  |  |  |  |
|  |  |  |  |  |  |  |  |  |  |  |
|  |  |  |  |  |  |  |  |  |  |  |
|  |  |  |  |  |  |  |  |  |  |  |
|  |  |  |  |  |  |  |  |  |  |  |
|  |  |  |  |  |  |  |  |  |  |  |
|  |  |  |  |  |  |  |  |  |  |  |
|  |  |  |  |  |  |  |  |  |  |  |

## Ergebniss :

| Kosten Kegelbahn | Sonstige Kosten | Spenden | Einnahmen Heute | letzter Kassenbestand | Kassenbestand Gesamt |
|---|---|---|---|---|---|
|  |  |  |  |  |  |

| Pudelkönig |  |
|---|---|
| Sieger |  |

**Datum :** ..................................    **Name des Kegelclubs:** ..................................

| Name | Beitrag | Strafen | Alle 9 | Kranz | Pudel | Klingel | Soll zahlen | hat gezahlt | noch offen | Bemerkungen |
|---|---|---|---|---|---|---|---|---|---|---|
|  |  |  |  |  |  |  |  |  |  |  |
|  |  |  |  |  |  |  |  |  |  |  |
|  |  |  |  |  |  |  |  |  |  |  |
|  |  |  |  |  |  |  |  |  |  |  |
|  |  |  |  |  |  |  |  |  |  |  |
|  |  |  |  |  |  |  |  |  |  |  |
|  |  |  |  |  |  |  |  |  |  |  |
|  |  |  |  |  |  |  |  |  |  |  |
|  |  |  |  |  |  |  |  |  |  |  |
|  |  |  |  |  |  |  |  |  |  |  |
|  |  |  |  |  |  |  |  |  |  |  |
|  |  |  |  |  |  |  |  |  |  |  |
|  |  |  |  |  |  |  |  |  |  |  |

**Ergebniss :**

| Kosten Kegelbahn | Sonstige Kosten | Spenden | Einnahmen Heute | letzter Kassenbestand | Kassenbestand Gesamt |
|---|---|---|---|---|---|
|  |  |  |  |  |  |

| | |
|---|---|
| Pudelkönig |  |
| Sieger |  |

**Datum :** ...................................  **Name des Kegelclubs:** ...................................

| Name | Beitrag | Strafen | Alle 9 | Kranz | Pudel | Klingel | Soll zahlen | hat gezahlt | noch offen | Bemerkungen |
|---|---|---|---|---|---|---|---|---|---|---|
|  |  |  |  |  |  |  |  |  |  |  |
|  |  |  |  |  |  |  |  |  |  |  |
|  |  |  |  |  |  |  |  |  |  |  |
|  |  |  |  |  |  |  |  |  |  |  |
|  |  |  |  |  |  |  |  |  |  |  |
|  |  |  |  |  |  |  |  |  |  |  |
|  |  |  |  |  |  |  |  |  |  |  |
|  |  |  |  |  |  |  |  |  |  |  |
|  |  |  |  |  |  |  |  |  |  |  |
|  |  |  |  |  |  |  |  |  |  |  |
|  |  |  |  |  |  |  |  |  |  |  |
|  |  |  |  |  |  |  |  |  |  |  |
|  |  |  |  |  |  |  |  |  |  |  |
|  |  |  |  |  |  |  |  |  |  |  |

**Ergebniss :**

| Kosten Kegelbahn | Sonstige Kosten | Spenden | Einnahmen Heute | letzter Kassenbestand | Kassenbestand Gesamt |
|---|---|---|---|---|---|
|  |  |  |  |  |  |

| Pudelkönig |  |
|---|---|
| Sieger |  |

**Datum :** ....................  **Name des Kegelclubs:** ....................

| Name | Beitrag | Strafen | Alle 9 | Kranz | Pudel | Klingel | Soll zahlen | hat gezahlt | noch offen | Bemerkungen |
|---|---|---|---|---|---|---|---|---|---|---|
|  |  |  |  |  |  |  |  |  |  |  |
|  |  |  |  |  |  |  |  |  |  |  |
|  |  |  |  |  |  |  |  |  |  |  |
|  |  |  |  |  |  |  |  |  |  |  |
|  |  |  |  |  |  |  |  |  |  |  |
|  |  |  |  |  |  |  |  |  |  |  |
|  |  |  |  |  |  |  |  |  |  |  |
|  |  |  |  |  |  |  |  |  |  |  |
|  |  |  |  |  |  |  |  |  |  |  |
|  |  |  |  |  |  |  |  |  |  |  |
|  |  |  |  |  |  |  |  |  |  |  |
|  |  |  |  |  |  |  |  |  |  |  |
|  |  |  |  |  |  |  |  |  |  |  |
|  |  |  |  |  |  |  |  |  |  |  |

**Ergebniss :**

| Kosten Kegelbahn | Sonstige Kosten | Spenden | Einnahmen Heute | letzter Kassenbestand | Kassenbestand Gesamt |
|---|---|---|---|---|---|
|  |  |  |  |  |  |

| Pudelkönig |  |
|---|---|
| Sieger |  |

**Datum :** ..................................................  **Name des Kegelclubs:** ..................................................

| Name | Beitrag | Strafen | Alle 9 | Kranz | Pudel | Klingel | Soll zahlen | hat gezahlt | noch offen | Bemerkungen |
|---|---|---|---|---|---|---|---|---|---|---|
|  |  |  |  |  |  |  |  |  |  |  |
|  |  |  |  |  |  |  |  |  |  |  |
|  |  |  |  |  |  |  |  |  |  |  |
|  |  |  |  |  |  |  |  |  |  |  |
|  |  |  |  |  |  |  |  |  |  |  |
|  |  |  |  |  |  |  |  |  |  |  |
|  |  |  |  |  |  |  |  |  |  |  |
|  |  |  |  |  |  |  |  |  |  |  |
|  |  |  |  |  |  |  |  |  |  |  |
|  |  |  |  |  |  |  |  |  |  |  |
|  |  |  |  |  |  |  |  |  |  |  |
|  |  |  |  |  |  |  |  |  |  |  |
|  |  |  |  |  |  |  |  |  |  |  |
|  |  |  |  |  |  |  |  |  |  |  |

## Ergebniss :

| Kosten Kegelbahn | Sonstige Kosten | Spenden | Einnahmen Heute | letzter Kassenbestand | Kassenbestand Gesamt |
|---|---|---|---|---|---|
|  |  |  |  |  |  |

| Pudelkönig |  |
|---|---|
| Sieger |  |

**Datum :** .............................. **Name des Kegelclubs:** ..............................

| Name | Beitrag | Strafen | Alle 9 | Kranz | Pudel | Klingel | Soll zahlen | hat gezahlt | noch offen | Bemerkungen |
|---|---|---|---|---|---|---|---|---|---|---|
|  |  |  |  |  |  |  |  |  |  |  |
|  |  |  |  |  |  |  |  |  |  |  |
|  |  |  |  |  |  |  |  |  |  |  |
|  |  |  |  |  |  |  |  |  |  |  |
|  |  |  |  |  |  |  |  |  |  |  |
|  |  |  |  |  |  |  |  |  |  |  |
|  |  |  |  |  |  |  |  |  |  |  |
|  |  |  |  |  |  |  |  |  |  |  |
|  |  |  |  |  |  |  |  |  |  |  |
|  |  |  |  |  |  |  |  |  |  |  |
|  |  |  |  |  |  |  |  |  |  |  |
|  |  |  |  |  |  |  |  |  |  |  |
|  |  |  |  |  |  |  |  |  |  |  |
|  |  |  |  |  |  |  |  |  |  |  |

**Ergebniss :**

| Kosten Kegelbahn | Sonstige Kosten | Spenden | Einnahmen Heute | letzter Kassenbestand | Kassenbestand Gesamt |
|---|---|---|---|---|---|
|  |  |  |  |  |  |

| Pudelkönig |  |
|---|---|
| Sieger |  |

**Datum :** ..................................  **Name des Kegelclubs:** ..................................

| Name | Beitrag | Strafen | Alle 9 | Kranz | Pudel | Klingel | Soll zahlen | hat gezahlt | noch offen | Bemerkungen |
|---|---|---|---|---|---|---|---|---|---|---|
|  |  |  |  |  |  |  |  |  |  |  |
|  |  |  |  |  |  |  |  |  |  |  |
|  |  |  |  |  |  |  |  |  |  |  |
|  |  |  |  |  |  |  |  |  |  |  |
|  |  |  |  |  |  |  |  |  |  |  |
|  |  |  |  |  |  |  |  |  |  |  |
|  |  |  |  |  |  |  |  |  |  |  |
|  |  |  |  |  |  |  |  |  |  |  |
|  |  |  |  |  |  |  |  |  |  |  |
|  |  |  |  |  |  |  |  |  |  |  |
|  |  |  |  |  |  |  |  |  |  |  |
|  |  |  |  |  |  |  |  |  |  |  |
|  |  |  |  |  |  |  |  |  |  |  |
|  |  |  |  |  |  |  |  |  |  |  |

**Ergebniss :**

| Kosten Kegelbahn | Sonstige Kosten | Spenden | Einnahmen Heute | letzter Kassenbestand | Kassenbestand Gesamt |
|---|---|---|---|---|---|
|  |  |  |  |  |  |

| Pudelkönig |  |
|---|---|
| Sieger |  |

**Datum :** .................... **Name des Kegelclubs:** ....................

| Name | Beitrag | Strafen | Alle 9 | Kranz | Pudel | Klingel | Soll zahlen | hat gezahlt | noch offen | Bemerkungen |
|---|---|---|---|---|---|---|---|---|---|---|
|  |  |  |  |  |  |  |  |  |  |  |
|  |  |  |  |  |  |  |  |  |  |  |
|  |  |  |  |  |  |  |  |  |  |  |
|  |  |  |  |  |  |  |  |  |  |  |
|  |  |  |  |  |  |  |  |  |  |  |
|  |  |  |  |  |  |  |  |  |  |  |
|  |  |  |  |  |  |  |  |  |  |  |
|  |  |  |  |  |  |  |  |  |  |  |
|  |  |  |  |  |  |  |  |  |  |  |
|  |  |  |  |  |  |  |  |  |  |  |
|  |  |  |  |  |  |  |  |  |  |  |
|  |  |  |  |  |  |  |  |  |  |  |
|  |  |  |  |  |  |  |  |  |  |  |

**Ergebniss :**

| Kosten Kegelbahn | Sonstige Kosten | Spenden | Einnahmen Heute | letzter Kassenbestand | Kassenbestand Gesamt |
|---|---|---|---|---|---|
|  |  |  |  |  |  |

| Pudelkönig |  |
|---|---|
| Sieger |  |

**Datum :** ...................    **Name des Kegelclubs:** ...................

| Name | Beitrag | Strafen | Alle 9 | Kranz | Pudel | Klingel | Soll zahlen | hat gezahlt | noch offen | Bemerkungen |
|---|---|---|---|---|---|---|---|---|---|---|
|  |  |  |  |  |  |  |  |  |  |  |
|  |  |  |  |  |  |  |  |  |  |  |
|  |  |  |  |  |  |  |  |  |  |  |
|  |  |  |  |  |  |  |  |  |  |  |
|  |  |  |  |  |  |  |  |  |  |  |
|  |  |  |  |  |  |  |  |  |  |  |
|  |  |  |  |  |  |  |  |  |  |  |
|  |  |  |  |  |  |  |  |  |  |  |
|  |  |  |  |  |  |  |  |  |  |  |
|  |  |  |  |  |  |  |  |  |  |  |
|  |  |  |  |  |  |  |  |  |  |  |
|  |  |  |  |  |  |  |  |  |  |  |
|  |  |  |  |  |  |  |  |  |  |  |
|  |  |  |  |  |  |  |  |  |  |  |

**Ergebniss :**

| Kosten Kegelbahn | Sonstige Kosten | Spenden | Einnahmen Heute | letzter Kassenbestand | Kassenbestand Gesamt |
|---|---|---|---|---|---|
|  |  |  |  |  |  |

| Pudelkönig |  |
|---|---|
| Sieger |  |

**Datum :** ..........................    **Name des Kegelclubs:** ..........................

| Name | Beitrag | Strafen | Alle 9 | Kranz | Pudel | Klingel | Soll zahlen | hat gezahlt | noch offen | Bemerkungen |
|---|---|---|---|---|---|---|---|---|---|---|
|  |  |  |  |  |  |  |  |  |  |  |
|  |  |  |  |  |  |  |  |  |  |  |
|  |  |  |  |  |  |  |  |  |  |  |
|  |  |  |  |  |  |  |  |  |  |  |
|  |  |  |  |  |  |  |  |  |  |  |
|  |  |  |  |  |  |  |  |  |  |  |
|  |  |  |  |  |  |  |  |  |  |  |
|  |  |  |  |  |  |  |  |  |  |  |
|  |  |  |  |  |  |  |  |  |  |  |
|  |  |  |  |  |  |  |  |  |  |  |
|  |  |  |  |  |  |  |  |  |  |  |
|  |  |  |  |  |  |  |  |  |  |  |
|  |  |  |  |  |  |  |  |  |  |  |
|  |  |  |  |  |  |  |  |  |  |  |

**Ergebniss :**

| Kosten Kegelbahn | Sonstige Kosten | Spenden | Einnahmen Heute | letzter Kassenbestand | Kassenbestand Gesamt |
|---|---|---|---|---|---|
|  |  |  |  |  |  |

| Pudelkönig |  |
|---|---|
| Sieger |  |

**Datum :** ............................ **Name des Kegelclubs:** ............................

| Name | Beitrag | Strafen | Alle 9 | Kranz | Pudel | Klingel | Soll zahlen | hat gezahlt | noch offen | Bemerkungen |
|---|---|---|---|---|---|---|---|---|---|---|
|  |  |  |  |  |  |  |  |  |  |  |
|  |  |  |  |  |  |  |  |  |  |  |
|  |  |  |  |  |  |  |  |  |  |  |
|  |  |  |  |  |  |  |  |  |  |  |
|  |  |  |  |  |  |  |  |  |  |  |
|  |  |  |  |  |  |  |  |  |  |  |
|  |  |  |  |  |  |  |  |  |  |  |
|  |  |  |  |  |  |  |  |  |  |  |
|  |  |  |  |  |  |  |  |  |  |  |
|  |  |  |  |  |  |  |  |  |  |  |
|  |  |  |  |  |  |  |  |  |  |  |
|  |  |  |  |  |  |  |  |  |  |  |
|  |  |  |  |  |  |  |  |  |  |  |
|  |  |  |  |  |  |  |  |  |  |  |

**Ergebniss :**

| Kosten Kegelbahn | Sonstige Kosten | Spenden | Einnahmen Heute | letzter Kassenbestand | Kassenbestand Gesamt |
|---|---|---|---|---|---|
|  |  |  |  |  |  |

| Pudelkönig |  |
|---|---|
| Sieger |  |

**Datum:** .................

**Name des Kegelclubs:** .................

| Name | Beitrag | Strafen | Alle 9 | Kranz | Pudel | Klingel | Soll zahlen | hat gezahlt | noch offen | Bemerkungen |
|---|---|---|---|---|---|---|---|---|---|---|
|  |  |  |  |  |  |  |  |  |  |  |
|  |  |  |  |  |  |  |  |  |  |  |
|  |  |  |  |  |  |  |  |  |  |  |
|  |  |  |  |  |  |  |  |  |  |  |
|  |  |  |  |  |  |  |  |  |  |  |
|  |  |  |  |  |  |  |  |  |  |  |
|  |  |  |  |  |  |  |  |  |  |  |
|  |  |  |  |  |  |  |  |  |  |  |
|  |  |  |  |  |  |  |  |  |  |  |
|  |  |  |  |  |  |  |  |  |  |  |
|  |  |  |  |  |  |  |  |  |  |  |
|  |  |  |  |  |  |  |  |  |  |  |
|  |  |  |  |  |  |  |  |  |  |  |

## Ergebniss:

| Kosten Kegelbahn | Sonstige Kosten | Spenden | Einnahmen Heute | letzter Kassenbestand | Kassenbestand Gesamt |
|---|---|---|---|---|---|
|  |  |  |  |  |  |

| Pudelkönig |  |
|---|---|
| Sieger |  |

**Datum :** .................. **Name des Kegelclubs:** ..................

| Name | Beitrag | Strafen | Alle 9 | Kranz | Pudel | Klingel | Soll zahlen | hat gezahlt | noch offen | Bemerkungen |
|---|---|---|---|---|---|---|---|---|---|---|
|  |  |  |  |  |  |  |  |  |  |  |
|  |  |  |  |  |  |  |  |  |  |  |
|  |  |  |  |  |  |  |  |  |  |  |
|  |  |  |  |  |  |  |  |  |  |  |
|  |  |  |  |  |  |  |  |  |  |  |
|  |  |  |  |  |  |  |  |  |  |  |
|  |  |  |  |  |  |  |  |  |  |  |
|  |  |  |  |  |  |  |  |  |  |  |
|  |  |  |  |  |  |  |  |  |  |  |
|  |  |  |  |  |  |  |  |  |  |  |
|  |  |  |  |  |  |  |  |  |  |  |
|  |  |  |  |  |  |  |  |  |  |  |
|  |  |  |  |  |  |  |  |  |  |  |
|  |  |  |  |  |  |  |  |  |  |  |

**Ergebniss :**

| Kosten Kegelbahn | Sonstige Kosten | Spenden | Einnahmen Heute | letzter Kassenbestand | Kassenbestand Gesamt |
|---|---|---|---|---|---|
|  |  |  |  |  |  |

| Pudelkönig |  |
|---|---|
| Sieger |  |

**Datum :** ..........  **Name des Kegelclubs:** ..........

| Name | Beitrag | Strafen | Alle 9 | Kranz | Pudel | Klingel | Soll zahlen | hat gezahlt | noch offen | Bemerkungen |
|---|---|---|---|---|---|---|---|---|---|---|
|  |  |  |  |  |  |  |  |  |  |  |
|  |  |  |  |  |  |  |  |  |  |  |
|  |  |  |  |  |  |  |  |  |  |  |
|  |  |  |  |  |  |  |  |  |  |  |
|  |  |  |  |  |  |  |  |  |  |  |
|  |  |  |  |  |  |  |  |  |  |  |
|  |  |  |  |  |  |  |  |  |  |  |
|  |  |  |  |  |  |  |  |  |  |  |
|  |  |  |  |  |  |  |  |  |  |  |
|  |  |  |  |  |  |  |  |  |  |  |
|  |  |  |  |  |  |  |  |  |  |  |
|  |  |  |  |  |  |  |  |  |  |  |
|  |  |  |  |  |  |  |  |  |  |  |

**Ergebniss :**

| Kosten Kegelbahn | Sonstige Kosten | Spenden | Einnahmen Heute | letzter Kassenbestand | Kassenbestand Gesamt |
|---|---|---|---|---|---|
|  |  |  |  |  |  |

| Pudelkönig |  |
|---|---|
| Sieger |  |

**Datum :** ..........................................  **Name des Kegelclubs:** ..........................................

| Name | Beitrag | Strafen | Alle 9 | Kranz | Pudel | Klingel | Soll zahlen | hat gezahlt | noch offen | Bemerkungen |
|---|---|---|---|---|---|---|---|---|---|---|
|  |  |  |  |  |  |  |  |  |  |  |
|  |  |  |  |  |  |  |  |  |  |  |
|  |  |  |  |  |  |  |  |  |  |  |
|  |  |  |  |  |  |  |  |  |  |  |
|  |  |  |  |  |  |  |  |  |  |  |
|  |  |  |  |  |  |  |  |  |  |  |
|  |  |  |  |  |  |  |  |  |  |  |
|  |  |  |  |  |  |  |  |  |  |  |
|  |  |  |  |  |  |  |  |  |  |  |
|  |  |  |  |  |  |  |  |  |  |  |
|  |  |  |  |  |  |  |  |  |  |  |
|  |  |  |  |  |  |  |  |  |  |  |
|  |  |  |  |  |  |  |  |  |  |  |
|  |  |  |  |  |  |  |  |  |  |  |

**Ergebniss :**

| Kosten Kegelbahn | Sonstige Kosten | Spenden | Einnahmen Heute | letzter Kassenbestand | Kassenbestand Gesamt |
|---|---|---|---|---|---|
|  |  |  |  |  |  |

| Pudelkönig |  |
|---|---|
| Sieger |  |

**Datum :** .....................     **Name des Kegelclubs:** .....................

| Name | Beitrag | Strafen | Alle 9 | Kranz | Pudel | Klingel | Soll zahlen | hat gezahlt | noch offen | Bemerkungen |
|---|---|---|---|---|---|---|---|---|---|---|
|  |  |  |  |  |  |  |  |  |  |  |
|  |  |  |  |  |  |  |  |  |  |  |
|  |  |  |  |  |  |  |  |  |  |  |
|  |  |  |  |  |  |  |  |  |  |  |
|  |  |  |  |  |  |  |  |  |  |  |
|  |  |  |  |  |  |  |  |  |  |  |
|  |  |  |  |  |  |  |  |  |  |  |
|  |  |  |  |  |  |  |  |  |  |  |
|  |  |  |  |  |  |  |  |  |  |  |
|  |  |  |  |  |  |  |  |  |  |  |
|  |  |  |  |  |  |  |  |  |  |  |
|  |  |  |  |  |  |  |  |  |  |  |
|  |  |  |  |  |  |  |  |  |  |  |

**Ergebniss :**

| Kosten Kegelbahn | Sonstige Kosten | Spenden | Einnahmen Heute | letzter Kassenbestand | Kassenbestand Gesamt |
|---|---|---|---|---|---|
|  |  |  |  |  |  |

| | |
|---|---|
| Pudelkönig |  |
| Sieger |  |

**Datum :** .................................... **Name des Kegelclubs:** ....................................

| Name | Beitrag | Strafen | Alle 9 | Kranz | Pudel | Klingel | Soll zahlen | hat gezahlt | noch offen | Bemerkungen |
|---|---|---|---|---|---|---|---|---|---|---|
|  |  |  |  |  |  |  |  |  |  |  |
|  |  |  |  |  |  |  |  |  |  |  |
|  |  |  |  |  |  |  |  |  |  |  |
|  |  |  |  |  |  |  |  |  |  |  |
|  |  |  |  |  |  |  |  |  |  |  |
|  |  |  |  |  |  |  |  |  |  |  |
|  |  |  |  |  |  |  |  |  |  |  |
|  |  |  |  |  |  |  |  |  |  |  |
|  |  |  |  |  |  |  |  |  |  |  |
|  |  |  |  |  |  |  |  |  |  |  |
|  |  |  |  |  |  |  |  |  |  |  |
|  |  |  |  |  |  |  |  |  |  |  |
|  |  |  |  |  |  |  |  |  |  |  |
|  |  |  |  |  |  |  |  |  |  |  |

**Ergebniss :**

| Kosten Kegelbahn | Sonstige Kosten | Spenden | Einnahmen Heute | letzter Kassenbestand | Kassenbestand Gesamt |
|---|---|---|---|---|---|
|  |  |  |  |  |  |

| Pudelkönig |  |
|---|---|
| Sieger |  |

**Datum :** .................................... **Name des Kegelclubs:** ....................................

| Name | Beitrag | Strafen | Alle 9 | Kranz | Pudel | Klingel | Soll zahlen | hat gezahlt | noch offen | Bemerkungen |
|------|---------|---------|--------|-------|-------|---------|-------------|-------------|------------|-------------|
|  |  |  |  |  |  |  |  |  |  |  |
|  |  |  |  |  |  |  |  |  |  |  |
|  |  |  |  |  |  |  |  |  |  |  |
|  |  |  |  |  |  |  |  |  |  |  |
|  |  |  |  |  |  |  |  |  |  |  |
|  |  |  |  |  |  |  |  |  |  |  |
|  |  |  |  |  |  |  |  |  |  |  |
|  |  |  |  |  |  |  |  |  |  |  |
|  |  |  |  |  |  |  |  |  |  |  |
|  |  |  |  |  |  |  |  |  |  |  |
|  |  |  |  |  |  |  |  |  |  |  |
|  |  |  |  |  |  |  |  |  |  |  |
|  |  |  |  |  |  |  |  |  |  |  |
|  |  |  |  |  |  |  |  |  |  |  |

**Ergebniss :**

| Kosten Kegelbahn | Sonstige Kosten | Spenden | Einnahmen Heute | letzter Kassenbestand | Kassenbestand Gesamt |
|------------------|-----------------|---------|-----------------|-----------------------|----------------------|
|  |  |  |  |  |  |

| Pudelkönig |  |
|------------|--|
| Sieger |  |

**Datum :** ...................... **Name des Kegelclubs:** ......................

| Name | Beitrag | Strafen | Alle 9 | Kranz | Pudel | Klingel | Soll zahlen | hat gezahlt | noch offen | Bemerkungen |
|---|---|---|---|---|---|---|---|---|---|---|
|  |  |  |  |  |  |  |  |  |  |  |
|  |  |  |  |  |  |  |  |  |  |  |
|  |  |  |  |  |  |  |  |  |  |  |
|  |  |  |  |  |  |  |  |  |  |  |
|  |  |  |  |  |  |  |  |  |  |  |
|  |  |  |  |  |  |  |  |  |  |  |
|  |  |  |  |  |  |  |  |  |  |  |
|  |  |  |  |  |  |  |  |  |  |  |
|  |  |  |  |  |  |  |  |  |  |  |
|  |  |  |  |  |  |  |  |  |  |  |
|  |  |  |  |  |  |  |  |  |  |  |
|  |  |  |  |  |  |  |  |  |  |  |
|  |  |  |  |  |  |  |  |  |  |  |
|  |  |  |  |  |  |  |  |  |  |  |

**Ergebniss :**

| Kosten Kegelbahn | Sonstige Kosten | Spenden | Einnahmen Heute | letzter Kassenbestand | Kassenbestand Gesamt |
|---|---|---|---|---|---|
|  |  |  |  |  |  |

| Pudelkönig |  |
|---|---|
| Sieger |  |

**Datum :** ..........................  **Name des Kegelclubs:** ..........................

| Name | Beitrag | Strafen | Alle 9 | Kranz | Pudel | Klingel | Soll zahlen | hat gezahlt | noch offen | Bemerkungen |
|---|---|---|---|---|---|---|---|---|---|---|
|  |  |  |  |  |  |  |  |  |  |  |
|  |  |  |  |  |  |  |  |  |  |  |
|  |  |  |  |  |  |  |  |  |  |  |
|  |  |  |  |  |  |  |  |  |  |  |
|  |  |  |  |  |  |  |  |  |  |  |
|  |  |  |  |  |  |  |  |  |  |  |
|  |  |  |  |  |  |  |  |  |  |  |
|  |  |  |  |  |  |  |  |  |  |  |
|  |  |  |  |  |  |  |  |  |  |  |
|  |  |  |  |  |  |  |  |  |  |  |
|  |  |  |  |  |  |  |  |  |  |  |
|  |  |  |  |  |  |  |  |  |  |  |
|  |  |  |  |  |  |  |  |  |  |  |

**Ergebniss :**

| Kosten Kegelbahn | Sonstige Kosten | Spenden | Einnahmen Heute | letzter Kassenbestand | Kassenbestand Gesamt |
|---|---|---|---|---|---|
|  |  |  |  |  |  |

| Pudelkönig |  |
|---|---|
| Sieger |  |

**Datum :** ............................................  **Name des Kegelclubs:** ............................................

| Name | Beitrag | Strafen | Alle 9 | Kranz | Pudel | Klingel | Soll zahlen | hat gezahlt | noch offen | Bemerkungen |
|---|---|---|---|---|---|---|---|---|---|---|
|  |  |  |  |  |  |  |  |  |  |  |
|  |  |  |  |  |  |  |  |  |  |  |
|  |  |  |  |  |  |  |  |  |  |  |
|  |  |  |  |  |  |  |  |  |  |  |
|  |  |  |  |  |  |  |  |  |  |  |
|  |  |  |  |  |  |  |  |  |  |  |
|  |  |  |  |  |  |  |  |  |  |  |
|  |  |  |  |  |  |  |  |  |  |  |
|  |  |  |  |  |  |  |  |  |  |  |
|  |  |  |  |  |  |  |  |  |  |  |
|  |  |  |  |  |  |  |  |  |  |  |
|  |  |  |  |  |  |  |  |  |  |  |
|  |  |  |  |  |  |  |  |  |  |  |
|  |  |  |  |  |  |  |  |  |  |  |
|  |  |  |  |  |  |  |  |  |  |  |

**Ergebniss :**

| Kosten Kegelbahn | Sonstige Kosten | Spenden | Einnahmen Heute | letzter Kassenbestand | Kassenbestand Gesamt |
|---|---|---|---|---|---|
|  |  |  |  |  |  |

| Pudelkönig |  |
|---|---|
| Sieger |  |

**Datum :** ..................  **Name des Kegelclubs:** ..................

| Name | Beitrag | Strafen | Alle 9 | Kranz | Pudel | Klingel | Soll zahlen | hat gezahlt | noch offen | Bemerkungen |
|---|---|---|---|---|---|---|---|---|---|---|
|  |  |  |  |  |  |  |  |  |  |  |
|  |  |  |  |  |  |  |  |  |  |  |
|  |  |  |  |  |  |  |  |  |  |  |
|  |  |  |  |  |  |  |  |  |  |  |
|  |  |  |  |  |  |  |  |  |  |  |
|  |  |  |  |  |  |  |  |  |  |  |
|  |  |  |  |  |  |  |  |  |  |  |
|  |  |  |  |  |  |  |  |  |  |  |
|  |  |  |  |  |  |  |  |  |  |  |
|  |  |  |  |  |  |  |  |  |  |  |
|  |  |  |  |  |  |  |  |  |  |  |
|  |  |  |  |  |  |  |  |  |  |  |
|  |  |  |  |  |  |  |  |  |  |  |

**Ergebniss :**

| Kosten Kegelbahn | Sonstige Kosten | Spenden | Einnahmen Heute | letzter Kassenbestand | Kassenbestand Gesamt |
|---|---|---|---|---|---|
|  |  |  |  |  |  |

| Pudelkönig |  |
|---|---|
| Sieger |  |

**Datum :** ..........................................  **Name des Kegelclubs:** ..........................................

| Name | Beitrag | Strafen | Alle 9 | Kranz | Pudel | Klingel | Soll zahlen | hat gezahlt | noch offen | Bemerkungen |
| --- | --- | --- | --- | --- | --- | --- | --- | --- | --- | --- |
|  |  |  |  |  |  |  |  |  |  |  |
|  |  |  |  |  |  |  |  |  |  |  |
|  |  |  |  |  |  |  |  |  |  |  |
|  |  |  |  |  |  |  |  |  |  |  |
|  |  |  |  |  |  |  |  |  |  |  |
|  |  |  |  |  |  |  |  |  |  |  |
|  |  |  |  |  |  |  |  |  |  |  |
|  |  |  |  |  |  |  |  |  |  |  |
|  |  |  |  |  |  |  |  |  |  |  |
|  |  |  |  |  |  |  |  |  |  |  |
|  |  |  |  |  |  |  |  |  |  |  |
|  |  |  |  |  |  |  |  |  |  |  |
|  |  |  |  |  |  |  |  |  |  |  |
|  |  |  |  |  |  |  |  |  |  |  |
|  |  |  |  |  |  |  |  |  |  |  |

**Ergebniss :**

| Kosten Kegelbahn | Sonstige Kosten | Spenden | Einnahmen Heute | letzter Kassenbestand | Kassenbestand Gesamt |
| --- | --- | --- | --- | --- | --- |
|  |  |  |  |  |  |

| Pudelkönig |  |
| --- | --- |
| Sieger |  |

**Datum :** ...........................  **Name des Kegelclubs:** ...........................

| Name | Beitrag | Strafen | Alle 9 | Kranz | Pudel | Klingel | Soll zahlen | hat gezahlt | noch offen | Bemerkungen |
|---|---|---|---|---|---|---|---|---|---|---|
|  |  |  |  |  |  |  |  |  |  |  |
|  |  |  |  |  |  |  |  |  |  |  |
|  |  |  |  |  |  |  |  |  |  |  |
|  |  |  |  |  |  |  |  |  |  |  |
|  |  |  |  |  |  |  |  |  |  |  |
|  |  |  |  |  |  |  |  |  |  |  |
|  |  |  |  |  |  |  |  |  |  |  |
|  |  |  |  |  |  |  |  |  |  |  |
|  |  |  |  |  |  |  |  |  |  |  |
|  |  |  |  |  |  |  |  |  |  |  |
|  |  |  |  |  |  |  |  |  |  |  |
|  |  |  |  |  |  |  |  |  |  |  |
|  |  |  |  |  |  |  |  |  |  |  |

**Ergebniss :**

| Kosten Kegelbahn | Sonstige Kosten | Spenden | Einnahmen Heute | letzter Kassenbestand | Kassenbestand Gesamt |
|---|---|---|---|---|---|
|  |  |  |  |  |  |

| Pudelkönig |  |
|---|---|
| Sieger |  |

**Datum :** ............................................  **Name des Kegelclubs:** ............................................

| Name | Beitrag | Strafen | Alle 9 | Kranz | Pudel | Klingel | Soll zahlen | hat gezahlt | noch offen | Bemerkungen |
|---|---|---|---|---|---|---|---|---|---|---|
|  |  |  |  |  |  |  |  |  |  |  |
|  |  |  |  |  |  |  |  |  |  |  |
|  |  |  |  |  |  |  |  |  |  |  |
|  |  |  |  |  |  |  |  |  |  |  |
|  |  |  |  |  |  |  |  |  |  |  |
|  |  |  |  |  |  |  |  |  |  |  |
|  |  |  |  |  |  |  |  |  |  |  |
|  |  |  |  |  |  |  |  |  |  |  |
|  |  |  |  |  |  |  |  |  |  |  |
|  |  |  |  |  |  |  |  |  |  |  |
|  |  |  |  |  |  |  |  |  |  |  |
|  |  |  |  |  |  |  |  |  |  |  |

**Ergebniss :**

| Kosten Kegelbahn | Sonstige Kosten | Spenden | Einnahmen Heute | letzter Kassenbestand | Kassenbestand Gesamt |
|---|---|---|---|---|---|
|  |  |  |  |  |  |

| Pudelkönig |  |
|---|---|
| Sieger |  |

**Datum :** ......................  **Name des Kegelclubs:** ......................

| Name | Beitrag | Strafen | Alle 9 | Kranz | Pudel | Klingel | Soll zahlen | hat gezahlt | noch offen | Bemerkungen |
|---|---|---|---|---|---|---|---|---|---|---|
|  |  |  |  |  |  |  |  |  |  |  |
|  |  |  |  |  |  |  |  |  |  |  |
|  |  |  |  |  |  |  |  |  |  |  |
|  |  |  |  |  |  |  |  |  |  |  |
|  |  |  |  |  |  |  |  |  |  |  |
|  |  |  |  |  |  |  |  |  |  |  |
|  |  |  |  |  |  |  |  |  |  |  |
|  |  |  |  |  |  |  |  |  |  |  |
|  |  |  |  |  |  |  |  |  |  |  |
|  |  |  |  |  |  |  |  |  |  |  |
|  |  |  |  |  |  |  |  |  |  |  |
|  |  |  |  |  |  |  |  |  |  |  |
|  |  |  |  |  |  |  |  |  |  |  |
|  |  |  |  |  |  |  |  |  |  |  |

**Ergebniss :**

| Kosten Kegelbahn | Sonstige Kosten | Spenden | Einnahmen Heute | letzter Kassenbestand | Kassenbestand Gesamt |
|---|---|---|---|---|---|
|  |  |  |  |  |  |

| Pudelkönig |  |
|---|---|
| Sieger |  |

**Datum :** ....................................  **Name des Kegelclubs:** ....................................

| Name | Beitrag | Strafen | Alle 9 | Kranz | Pudel | Klingel | Soll zahlen | hat gezahlt | noch offen | Bemerkungen |
|---|---|---|---|---|---|---|---|---|---|---|
| | | | | | | | | | | |
| | | | | | | | | | | |
| | | | | | | | | | | |
| | | | | | | | | | | |
| | | | | | | | | | | |
| | | | | | | | | | | |
| | | | | | | | | | | |
| | | | | | | | | | | |
| | | | | | | | | | | |
| | | | | | | | | | | |
| | | | | | | | | | | |
| | | | | | | | | | | |
| | | | | | | | | | | |

**Ergebniss :**

| Kosten Kegelbahn | Sonstige Kosten | Spenden | Einnahmen Heute | letzter Kassenbestand | Kassenbestand Gesamt |
|---|---|---|---|---|---|
| | | | | | |

| Pudelkönig | |
|---|---|
| Sieger | |

**Datum :** .................................

**Name des Kegelclubs:** .................................

| Name | Beitrag | Strafen | Alle 9 | Kranz | Pudel | Klingel | Soll zahlen | hat gezahlt | noch offen | Bemerkungen |
|---|---|---|---|---|---|---|---|---|---|---|
|  |  |  |  |  |  |  |  |  |  |  |
|  |  |  |  |  |  |  |  |  |  |  |
|  |  |  |  |  |  |  |  |  |  |  |
|  |  |  |  |  |  |  |  |  |  |  |
|  |  |  |  |  |  |  |  |  |  |  |
|  |  |  |  |  |  |  |  |  |  |  |
|  |  |  |  |  |  |  |  |  |  |  |
|  |  |  |  |  |  |  |  |  |  |  |
|  |  |  |  |  |  |  |  |  |  |  |
|  |  |  |  |  |  |  |  |  |  |  |
|  |  |  |  |  |  |  |  |  |  |  |
|  |  |  |  |  |  |  |  |  |  |  |
|  |  |  |  |  |  |  |  |  |  |  |
|  |  |  |  |  |  |  |  |  |  |  |

**Ergebniss :**

| Kosten Kegelbahn | Sonstige Kosten | Spenden | Einnahmen Heute | letzter Kassenbestand | Kassenbestand Gesamt |
|---|---|---|---|---|---|
|  |  |  |  |  |  |

| Pudelkönig |  |
|---|---|
| Sieger |  |

**Datum :** ............................................   **Name des Kegelclubs:** ............................................

| Name | Beitrag | Strafen | Alle 9 | Kranz | Pudel | Klingel | Soll zahlen | hat gezahlt | noch offen | Bemerkungen |
|---|---|---|---|---|---|---|---|---|---|---|
|  |  |  |  |  |  |  |  |  |  |  |
|  |  |  |  |  |  |  |  |  |  |  |
|  |  |  |  |  |  |  |  |  |  |  |
|  |  |  |  |  |  |  |  |  |  |  |
|  |  |  |  |  |  |  |  |  |  |  |
|  |  |  |  |  |  |  |  |  |  |  |
|  |  |  |  |  |  |  |  |  |  |  |
|  |  |  |  |  |  |  |  |  |  |  |
|  |  |  |  |  |  |  |  |  |  |  |
|  |  |  |  |  |  |  |  |  |  |  |
|  |  |  |  |  |  |  |  |  |  |  |
|  |  |  |  |  |  |  |  |  |  |  |
|  |  |  |  |  |  |  |  |  |  |  |
|  |  |  |  |  |  |  |  |  |  |  |
|  |  |  |  |  |  |  |  |  |  |  |

**Ergebniss :**

| Kosten Kegelbahn | Sonstige Kosten | Spenden | Einnahmen Heute | letzter Kassenbestand | Kassenbestand Gesamt |
|---|---|---|---|---|---|
|  |  |  |  |  |  |

| Pudelkönig |  |
|---|---|
| Sieger |  |

**Datum :** ............

**Name des Kegelclubs:** ............

| Name | Beitrag | Strafen | Alle 9 | Kranz | Pudel | Klingel | Soll zahlen | hat gezahlt | noch offen | Bemerkungen |
|---|---|---|---|---|---|---|---|---|---|---|
|  |  |  |  |  |  |  |  |  |  |  |
|  |  |  |  |  |  |  |  |  |  |  |
|  |  |  |  |  |  |  |  |  |  |  |
|  |  |  |  |  |  |  |  |  |  |  |
|  |  |  |  |  |  |  |  |  |  |  |
|  |  |  |  |  |  |  |  |  |  |  |
|  |  |  |  |  |  |  |  |  |  |  |
|  |  |  |  |  |  |  |  |  |  |  |
|  |  |  |  |  |  |  |  |  |  |  |
|  |  |  |  |  |  |  |  |  |  |  |
|  |  |  |  |  |  |  |  |  |  |  |
|  |  |  |  |  |  |  |  |  |  |  |
|  |  |  |  |  |  |  |  |  |  |  |

**Ergebniss :**

| Kosten Kegelbahn | Sonstige Kosten | Spenden | Einnahmen Heute | letzter Kassenbestand | Kassenbestand Gesamt |
|---|---|---|---|---|---|
|  |  |  |  |  |  |

| Pudelkönig |  |
|---|---|
| Sieger |  |

**Datum :** ........................................ **Name des Kegelclubs:** ........................................

| Name | Beitrag | Strafen | Alle 9 | Kranz | Pudel | Klingel | Soll zahlen | hat gezahlt | noch offen | Bemerkungen |
|------|---------|---------|--------|-------|-------|---------|-------------|-------------|------------|-------------|
|  |  |  |  |  |  |  |  |  |  |  |
|  |  |  |  |  |  |  |  |  |  |  |
|  |  |  |  |  |  |  |  |  |  |  |
|  |  |  |  |  |  |  |  |  |  |  |
|  |  |  |  |  |  |  |  |  |  |  |
|  |  |  |  |  |  |  |  |  |  |  |
|  |  |  |  |  |  |  |  |  |  |  |
|  |  |  |  |  |  |  |  |  |  |  |
|  |  |  |  |  |  |  |  |  |  |  |
|  |  |  |  |  |  |  |  |  |  |  |
|  |  |  |  |  |  |  |  |  |  |  |
|  |  |  |  |  |  |  |  |  |  |  |
|  |  |  |  |  |  |  |  |  |  |  |
|  |  |  |  |  |  |  |  |  |  |  |

## Ergebniss :

| Kosten Kegelbahn | Sonstige Kosten | Spenden | Einnahmen Heute | letzter Kassenbestand | Kassenbestand Gesamt |
|------------------|-----------------|---------|-----------------|-----------------------|----------------------|
|  |  |  |  |  |  |

| | |
|---|---|
| Pudelkönig |  |
| Sieger |  |

## Name des Kegelclubs:

Datum: ...........

| Name | Beitrag | Strafen | Alle 9 | Kranz | Pudel | Klingel | Soll zahlen | hat gezahlt | noch offen | Bemerkungen |
|---|---|---|---|---|---|---|---|---|---|---|
|  |  |  |  |  |  |  |  |  |  |  |
|  |  |  |  |  |  |  |  |  |  |  |
|  |  |  |  |  |  |  |  |  |  |  |
|  |  |  |  |  |  |  |  |  |  |  |
|  |  |  |  |  |  |  |  |  |  |  |
|  |  |  |  |  |  |  |  |  |  |  |
|  |  |  |  |  |  |  |  |  |  |  |
|  |  |  |  |  |  |  |  |  |  |  |
|  |  |  |  |  |  |  |  |  |  |  |
|  |  |  |  |  |  |  |  |  |  |  |
|  |  |  |  |  |  |  |  |  |  |  |
|  |  |  |  |  |  |  |  |  |  |  |

Ergebniss:

| Kosten Kegelbahn | Sonstige Kosten | Spenden | Einnahmen Heute | letzter Kassenbestand | Kassenbestand Gesamt |
|---|---|---|---|---|---|
|  |  |  |  |  |  |

| Pudelkönig |  |
|---|---|
| Sieger |  |

**Datum :** ...................................... **Name des Kegelclubs:** ......................................

| Name | Beitrag | Strafen | Alle 9 | Kranz | Pudel | Klingel | Soll zahlen | hat gezahlt | noch offen | Bemerkungen |
|---|---|---|---|---|---|---|---|---|---|---|
|  |  |  |  |  |  |  |  |  |  |  |
|  |  |  |  |  |  |  |  |  |  |  |
|  |  |  |  |  |  |  |  |  |  |  |
|  |  |  |  |  |  |  |  |  |  |  |
|  |  |  |  |  |  |  |  |  |  |  |
|  |  |  |  |  |  |  |  |  |  |  |
|  |  |  |  |  |  |  |  |  |  |  |
|  |  |  |  |  |  |  |  |  |  |  |
|  |  |  |  |  |  |  |  |  |  |  |
|  |  |  |  |  |  |  |  |  |  |  |
|  |  |  |  |  |  |  |  |  |  |  |
|  |  |  |  |  |  |  |  |  |  |  |
|  |  |  |  |  |  |  |  |  |  |  |
|  |  |  |  |  |  |  |  |  |  |  |
|  |  |  |  |  |  |  |  |  |  |  |
|  |  |  |  |  |  |  |  |  |  |  |

**Ergebniss :**

| Kosten Kegelbahn | Sonstige Kosten | Spenden | Einnahmen Heute | letzter Kassenbestand | Kassenbestand Gesamt |
|---|---|---|---|---|---|
|  |  |  |  |  |  |

| Pudelkönig |  |
|---|---|
| Sieger |  |

**Datum :** ...................  **Name des Kegelclubs:** ...................

| Name | Beitrag | Strafen | Alle 9 | Kranz | Pudel | Klingel | Soll zahlen | hat gezahlt | noch offen | Bemerkungen |
|---|---|---|---|---|---|---|---|---|---|---|
|  |  |  |  |  |  |  |  |  |  |  |
|  |  |  |  |  |  |  |  |  |  |  |
|  |  |  |  |  |  |  |  |  |  |  |
|  |  |  |  |  |  |  |  |  |  |  |
|  |  |  |  |  |  |  |  |  |  |  |
|  |  |  |  |  |  |  |  |  |  |  |
|  |  |  |  |  |  |  |  |  |  |  |
|  |  |  |  |  |  |  |  |  |  |  |
|  |  |  |  |  |  |  |  |  |  |  |
|  |  |  |  |  |  |  |  |  |  |  |
|  |  |  |  |  |  |  |  |  |  |  |
|  |  |  |  |  |  |  |  |  |  |  |
|  |  |  |  |  |  |  |  |  |  |  |

## Ergebniss :

| Kosten Kegelbahn | Sonstige Kosten | Spenden | Einnahmen Heute | letzter Kassenbestand | Kassenbestand Gesamt |
|---|---|---|---|---|---|
|  |  |  |  |  |  |

| Pudelkönig |  |
|---|---|
| Sieger |  |

**Datum :** ....................  **Name des Kegelclubs:** ....................

| Name | Beitrag | Strafen | Alle 9 | Kranz | Pudel | Klingel | Soll zahlen | hat gezahlt | noch offen | Bemerkungen |
|---|---|---|---|---|---|---|---|---|---|---|
|  |  |  |  |  |  |  |  |  |  |  |
|  |  |  |  |  |  |  |  |  |  |  |
|  |  |  |  |  |  |  |  |  |  |  |
|  |  |  |  |  |  |  |  |  |  |  |
|  |  |  |  |  |  |  |  |  |  |  |
|  |  |  |  |  |  |  |  |  |  |  |
|  |  |  |  |  |  |  |  |  |  |  |
|  |  |  |  |  |  |  |  |  |  |  |
|  |  |  |  |  |  |  |  |  |  |  |
|  |  |  |  |  |  |  |  |  |  |  |
|  |  |  |  |  |  |  |  |  |  |  |
|  |  |  |  |  |  |  |  |  |  |  |
|  |  |  |  |  |  |  |  |  |  |  |
|  |  |  |  |  |  |  |  |  |  |  |

**Ergebniss :**

| Kosten Kegelbahn | Sonstige Kosten | Spenden | Einnahmen Heute | letzter Kassenbestand | Kassenbestand Gesamt |
|---|---|---|---|---|---|
|  |  |  |  |  |  |

| Pudelkönig |  |
|---|---|
| Sieger |  |

**Datum :** ................................  **Name des Kegelclubs:** ................................

| Name | Beitrag | Strafen | Alle 9 | Kranz | Pudel | Klingel | Soll zahlen | hat gezahlt | noch offen | Bemerkungen |
|---|---|---|---|---|---|---|---|---|---|---|
|  |  |  |  |  |  |  |  |  |  |  |
|  |  |  |  |  |  |  |  |  |  |  |
|  |  |  |  |  |  |  |  |  |  |  |
|  |  |  |  |  |  |  |  |  |  |  |
|  |  |  |  |  |  |  |  |  |  |  |
|  |  |  |  |  |  |  |  |  |  |  |
|  |  |  |  |  |  |  |  |  |  |  |
|  |  |  |  |  |  |  |  |  |  |  |
|  |  |  |  |  |  |  |  |  |  |  |
|  |  |  |  |  |  |  |  |  |  |  |
|  |  |  |  |  |  |  |  |  |  |  |
|  |  |  |  |  |  |  |  |  |  |  |
|  |  |  |  |  |  |  |  |  |  |  |
|  |  |  |  |  |  |  |  |  |  |  |

**Ergebniss :**

| Kosten Kegelbahn | Sonstige Kosten | Spenden | Einnahmen Heute | letzter Kassenbestand | Kassenbestand Gesamt |
|---|---|---|---|---|---|
|  |  |  |  |  |  |

| | |
|---|---|
| Pudelkönig |  |
| Sieger |  |

**Datum :** ...........................  **Name des Kegelclubs:** ...........................

| Name | Beitrag | Strafen | Alle 9 | Kranz | Pudel | Klingel | Soll zahlen | hat gezahlt | noch offen | Bemerkungen |
|---|---|---|---|---|---|---|---|---|---|---|
|  |  |  |  |  |  |  |  |  |  |  |
|  |  |  |  |  |  |  |  |  |  |  |
|  |  |  |  |  |  |  |  |  |  |  |
|  |  |  |  |  |  |  |  |  |  |  |
|  |  |  |  |  |  |  |  |  |  |  |
|  |  |  |  |  |  |  |  |  |  |  |
|  |  |  |  |  |  |  |  |  |  |  |
|  |  |  |  |  |  |  |  |  |  |  |
|  |  |  |  |  |  |  |  |  |  |  |
|  |  |  |  |  |  |  |  |  |  |  |
|  |  |  |  |  |  |  |  |  |  |  |
|  |  |  |  |  |  |  |  |  |  |  |
|  |  |  |  |  |  |  |  |  |  |  |
|  |  |  |  |  |  |  |  |  |  |  |

**Ergebniss :**

| Kosten Kegelbahn | Sonstige Kosten | Spenden | Einnahmen Heute | letzter Kassenbestand | Kassenbestand Gesamt |
|---|---|---|---|---|---|
|  |  |  |  |  |  |

| Pudelkönig |  |
|---|---|
| Sieger |  |

**Datum :** ...............................  **Name des Kegelclubs:** ...............................

| Name | Beitrag | Strafen | Alle 9 | Kranz | Pudel | Klingel | Soll zahlen | hat gezahlt | noch offen | Bemerkungen |
|---|---|---|---|---|---|---|---|---|---|---|
|  |  |  |  |  |  |  |  |  |  |  |
|  |  |  |  |  |  |  |  |  |  |  |
|  |  |  |  |  |  |  |  |  |  |  |
|  |  |  |  |  |  |  |  |  |  |  |
|  |  |  |  |  |  |  |  |  |  |  |
|  |  |  |  |  |  |  |  |  |  |  |
|  |  |  |  |  |  |  |  |  |  |  |
|  |  |  |  |  |  |  |  |  |  |  |
|  |  |  |  |  |  |  |  |  |  |  |
|  |  |  |  |  |  |  |  |  |  |  |
|  |  |  |  |  |  |  |  |  |  |  |
|  |  |  |  |  |  |  |  |  |  |  |
|  |  |  |  |  |  |  |  |  |  |  |
|  |  |  |  |  |  |  |  |  |  |  |

**Ergebniss :**

| Kosten Kegelbahn | Sonstige Kosten | Spenden | Einnahmen Heute | letzter Kassenbestand | Kassenbestand Gesamt |
|---|---|---|---|---|---|
|  |  |  |  |  |  |

| Pudelkönig |  |
|---|---|
| Sieger |  |

**Datum :** ........................     **Name des Kegelclubs:** ........................

| Name | Beitrag | Strafen | Alle 9 | Kranz | Pudel | Klingel | Soll zahlen | hat gezahlt | noch offen | Bemerkungen |
|---|---|---|---|---|---|---|---|---|---|---|
|  |  |  |  |  |  |  |  |  |  |  |
|  |  |  |  |  |  |  |  |  |  |  |
|  |  |  |  |  |  |  |  |  |  |  |
|  |  |  |  |  |  |  |  |  |  |  |
|  |  |  |  |  |  |  |  |  |  |  |
|  |  |  |  |  |  |  |  |  |  |  |
|  |  |  |  |  |  |  |  |  |  |  |
|  |  |  |  |  |  |  |  |  |  |  |
|  |  |  |  |  |  |  |  |  |  |  |
|  |  |  |  |  |  |  |  |  |  |  |
|  |  |  |  |  |  |  |  |  |  |  |
|  |  |  |  |  |  |  |  |  |  |  |
|  |  |  |  |  |  |  |  |  |  |  |
|  |  |  |  |  |  |  |  |  |  |  |
|  |  |  |  |  |  |  |  |  |  |  |

**Ergebniss :**

| Kosten Kegelbahn | Sonstige Kosten | Spenden | Einnahmen Heute | letzter Kassenbestand | Kassenbestand Gesamt |
|---|---|---|---|---|---|
|  |  |  |  |  |  |

| Pudelkönig |  |
|---|---|
| Sieger |  |

**Datum :** ...................

**Name des Kegelclubs:** ...................

| Name | Beitrag | Strafen | Alle 9 | Kranz | Pudel | Klingel | Soll zahlen | hat gezahlt | noch offen | Bemerkungen |
|---|---|---|---|---|---|---|---|---|---|---|
|  |  |  |  |  |  |  |  |  |  |  |
|  |  |  |  |  |  |  |  |  |  |  |
|  |  |  |  |  |  |  |  |  |  |  |
|  |  |  |  |  |  |  |  |  |  |  |
|  |  |  |  |  |  |  |  |  |  |  |
|  |  |  |  |  |  |  |  |  |  |  |
|  |  |  |  |  |  |  |  |  |  |  |
|  |  |  |  |  |  |  |  |  |  |  |
|  |  |  |  |  |  |  |  |  |  |  |
|  |  |  |  |  |  |  |  |  |  |  |
|  |  |  |  |  |  |  |  |  |  |  |
|  |  |  |  |  |  |  |  |  |  |  |
|  |  |  |  |  |  |  |  |  |  |  |

**Ergebniss :**

| Kosten Kegelbahn | Sonstige Kosten | Spenden | Einnahmen Heute | letzter Kassenbestand | Kassenbestand Gesamt |
|---|---|---|---|---|---|
|  |  |  |  |  |  |

| Pudelkönig |  |
|---|---|
| Sieger |  |

**Datum :** ....................................  **Name des Kegelclubs:** ....................................

| Name | Beitrag | Strafen | Alle 9 | Kranz | Pudel | Klingel | Soll zahlen | hat gezahlt | noch offen | Bemerkungen |
|---|---|---|---|---|---|---|---|---|---|---|
|  |  |  |  |  |  |  |  |  |  |  |
|  |  |  |  |  |  |  |  |  |  |  |
|  |  |  |  |  |  |  |  |  |  |  |
|  |  |  |  |  |  |  |  |  |  |  |
|  |  |  |  |  |  |  |  |  |  |  |
|  |  |  |  |  |  |  |  |  |  |  |
|  |  |  |  |  |  |  |  |  |  |  |
|  |  |  |  |  |  |  |  |  |  |  |
|  |  |  |  |  |  |  |  |  |  |  |
|  |  |  |  |  |  |  |  |  |  |  |
|  |  |  |  |  |  |  |  |  |  |  |
|  |  |  |  |  |  |  |  |  |  |  |
|  |  |  |  |  |  |  |  |  |  |  |
|  |  |  |  |  |  |  |  |  |  |  |

**Ergebniss :**

| Kosten Kegelbahn | Sonstige Kosten | Spenden | Einnahmen Heute | letzter Kassenbestand | Kassenbestand Gesamt |
|---|---|---|---|---|---|
|  |  |  |  |  |  |

| | |
|---|---|
| Pudelkönig |  |
| Sieger |  |

# Datum: .................... Name des Kegelclubs: ....................

| Name | Beitrag | Strafen | Alle 9 | Kranz | Pudel | Klingel | Soll zahlen | hat gezahlt | noch offen | Bemerkungen |
|---|---|---|---|---|---|---|---|---|---|---|
|  |  |  |  |  |  |  |  |  |  |  |
|  |  |  |  |  |  |  |  |  |  |  |
|  |  |  |  |  |  |  |  |  |  |  |
|  |  |  |  |  |  |  |  |  |  |  |
|  |  |  |  |  |  |  |  |  |  |  |
|  |  |  |  |  |  |  |  |  |  |  |
|  |  |  |  |  |  |  |  |  |  |  |
|  |  |  |  |  |  |  |  |  |  |  |
|  |  |  |  |  |  |  |  |  |  |  |
|  |  |  |  |  |  |  |  |  |  |  |
|  |  |  |  |  |  |  |  |  |  |  |
|  |  |  |  |  |  |  |  |  |  |  |
|  |  |  |  |  |  |  |  |  |  |  |
|  |  |  |  |  |  |  |  |  |  |  |
|  |  |  |  |  |  |  |  |  |  |  |

# Ergebniss:

| Kosten Kegelbahn | Sonstige Kosten | Spenden | Einnahmen Heute | letzter Kassenbestand | Kassenbestand Gesamt |
|---|---|---|---|---|---|
|  |  |  |  |  |  |

| Pudelkönig |  |
|---|---|
| Sieger |  |

**Datum :** ................................ **Name des Kegelclubs:** ................................

| Name | Beitrag | Strafen | Alle 9 | Kranz | Pudel | Klingel | Soll zahlen | hat gezahlt | noch offen | Bemerkungen |
|---|---|---|---|---|---|---|---|---|---|---|
|  |  |  |  |  |  |  |  |  |  |  |
|  |  |  |  |  |  |  |  |  |  |  |
|  |  |  |  |  |  |  |  |  |  |  |
|  |  |  |  |  |  |  |  |  |  |  |
|  |  |  |  |  |  |  |  |  |  |  |
|  |  |  |  |  |  |  |  |  |  |  |
|  |  |  |  |  |  |  |  |  |  |  |
|  |  |  |  |  |  |  |  |  |  |  |
|  |  |  |  |  |  |  |  |  |  |  |
|  |  |  |  |  |  |  |  |  |  |  |
|  |  |  |  |  |  |  |  |  |  |  |
|  |  |  |  |  |  |  |  |  |  |  |
|  |  |  |  |  |  |  |  |  |  |  |
|  |  |  |  |  |  |  |  |  |  |  |

## Ergebniss :

| Kosten Kegelbahn | Sonstige Kosten | Spenden | Einnahmen Heute | letzter Kassenbestand | Kassenbestand Gesamt |
|---|---|---|---|---|---|
|  |  |  |  |  |  |

| Pudelkönig |  |
|---|---|
| Sieger |  |

**Datum :** .................... **Name des Kegelclubs:** ....................

| Name | Beitrag | Strafen | Alle 9 | Kranz | Pudel | Klingel | Soll zahlen | hat gezahlt | noch offen | Bemerkungen |
|------|---------|---------|--------|-------|-------|---------|-------------|-------------|------------|-------------|
|  |  |  |  |  |  |  |  |  |  |  |
|  |  |  |  |  |  |  |  |  |  |  |
|  |  |  |  |  |  |  |  |  |  |  |
|  |  |  |  |  |  |  |  |  |  |  |
|  |  |  |  |  |  |  |  |  |  |  |
|  |  |  |  |  |  |  |  |  |  |  |
|  |  |  |  |  |  |  |  |  |  |  |
|  |  |  |  |  |  |  |  |  |  |  |
|  |  |  |  |  |  |  |  |  |  |  |
|  |  |  |  |  |  |  |  |  |  |  |
|  |  |  |  |  |  |  |  |  |  |  |
|  |  |  |  |  |  |  |  |  |  |  |
|  |  |  |  |  |  |  |  |  |  |  |

**Ergebniss :**

| Kosten Kegelbahn | Sonstige Kosten | Spenden | Einnahmen Heute | letzter Kassenbestand | Kassenbestand Gesamt |
|------------------|-----------------|---------|-----------------|-----------------------|----------------------|
|  |  |  |  |  |  |

| Pudelkönig |  |
|------------|--|
| Sieger |  |

**Datum:** .........................  **Name des Kegelclubs:** .........................

| Name | Beitrag | Strafen | Alle 9 | Kranz | Pudel | Klingel | Soll zahlen | hat gezahlt | noch offen | Bemerkungen |
|---|---|---|---|---|---|---|---|---|---|---|
|  |  |  |  |  |  |  |  |  |  |  |
|  |  |  |  |  |  |  |  |  |  |  |
|  |  |  |  |  |  |  |  |  |  |  |
|  |  |  |  |  |  |  |  |  |  |  |
|  |  |  |  |  |  |  |  |  |  |  |
|  |  |  |  |  |  |  |  |  |  |  |
|  |  |  |  |  |  |  |  |  |  |  |
|  |  |  |  |  |  |  |  |  |  |  |
|  |  |  |  |  |  |  |  |  |  |  |
|  |  |  |  |  |  |  |  |  |  |  |
|  |  |  |  |  |  |  |  |  |  |  |
|  |  |  |  |  |  |  |  |  |  |  |
|  |  |  |  |  |  |  |  |  |  |  |
|  |  |  |  |  |  |  |  |  |  |  |

**Ergebniss:**

| Kosten Kegelbahn | Sonstige Kosten | Spenden | Einnahmen Heute | letzter Kassenbestand | Kassenbestand Gesamt |
|---|---|---|---|---|---|
|  |  |  |  |  |  |

| Pudelkönig |  |
|---|---|
| Sieger |  |

**Datum :** .....................    **Name des Kegelclubs:** .....................

| Name | Beitrag | Strafen | Alle 9 | Kranz | Pudel | Klingel | Soll zahlen | hat gezahlt | noch offen | Bemerkungen |
|---|---|---|---|---|---|---|---|---|---|---|
|  |  |  |  |  |  |  |  |  |  |  |
|  |  |  |  |  |  |  |  |  |  |  |
|  |  |  |  |  |  |  |  |  |  |  |
|  |  |  |  |  |  |  |  |  |  |  |
|  |  |  |  |  |  |  |  |  |  |  |
|  |  |  |  |  |  |  |  |  |  |  |
|  |  |  |  |  |  |  |  |  |  |  |
|  |  |  |  |  |  |  |  |  |  |  |
|  |  |  |  |  |  |  |  |  |  |  |
|  |  |  |  |  |  |  |  |  |  |  |
|  |  |  |  |  |  |  |  |  |  |  |
|  |  |  |  |  |  |  |  |  |  |  |
|  |  |  |  |  |  |  |  |  |  |  |

**Ergebniss :**

| Kosten Kegelbahn | Sonstige Kosten | Spenden | Einnahmen Heute | letzter Kassenbestand | Kassenbestand Gesamt |
|---|---|---|---|---|---|
|  |  |  |  |  |  |

| Pudelkönig |  |
|---|---|
| Sieger |  |

**Datum :** .........................  **Name des Kegelclubs:** .........................

| Name | Beitrag | Strafen | Alle 9 | Kranz | Pudel | Klingel | Soll zahlen | hat gezahlt | noch offen | Bemerkungen |
|---|---|---|---|---|---|---|---|---|---|---|
|  |  |  |  |  |  |  |  |  |  |  |
|  |  |  |  |  |  |  |  |  |  |  |
|  |  |  |  |  |  |  |  |  |  |  |
|  |  |  |  |  |  |  |  |  |  |  |
|  |  |  |  |  |  |  |  |  |  |  |
|  |  |  |  |  |  |  |  |  |  |  |
|  |  |  |  |  |  |  |  |  |  |  |
|  |  |  |  |  |  |  |  |  |  |  |
|  |  |  |  |  |  |  |  |  |  |  |
|  |  |  |  |  |  |  |  |  |  |  |
|  |  |  |  |  |  |  |  |  |  |  |
|  |  |  |  |  |  |  |  |  |  |  |
|  |  |  |  |  |  |  |  |  |  |  |

**Ergebniss :**

| Kosten Kegelbahn | Sonstige Kosten | Spenden | Einnahmen Heute | letzter Kassenbestand | Kassenbestand Gesamt |
|---|---|---|---|---|---|
|  |  |  |  |  |  |

| Pudelkönig |  |
|---|---|
| Sieger |  |

**Datum :** ........................  **Name des Kegelclubs:** ........................

| Name | Beitrag | Strafen | Alle 9 | Kranz | Pudel | Klingel | Soll zahlen | hat gezahlt | noch offen | Bemerkungen |
|---|---|---|---|---|---|---|---|---|---|---|
|  |  |  |  |  |  |  |  |  |  |  |
|  |  |  |  |  |  |  |  |  |  |  |
|  |  |  |  |  |  |  |  |  |  |  |
|  |  |  |  |  |  |  |  |  |  |  |
|  |  |  |  |  |  |  |  |  |  |  |
|  |  |  |  |  |  |  |  |  |  |  |
|  |  |  |  |  |  |  |  |  |  |  |
|  |  |  |  |  |  |  |  |  |  |  |
|  |  |  |  |  |  |  |  |  |  |  |
|  |  |  |  |  |  |  |  |  |  |  |
|  |  |  |  |  |  |  |  |  |  |  |
|  |  |  |  |  |  |  |  |  |  |  |
|  |  |  |  |  |  |  |  |  |  |  |

**Ergebniss :**

| Kosten Kegelbahn | Sonstige Kosten | Spenden | Einnahmen Heute | letzter Kassenbestand | Kassenbestand Gesamt |
|---|---|---|---|---|---|
|  |  |  |  |  |  |

| Pudelkönig |  |
|---|---|
| Sieger |  |

**Datum :** ........................  **Name des Kegelclubs:** ........................

| Name | Beitrag | Strafen | Alle 9 | Kranz | Pudel | Klingel | Soll zahlen | hat gezahlt | noch offen | Bemerkungen |
| --- | --- | --- | --- | --- | --- | --- | --- | --- | --- | --- |
|  |  |  |  |  |  |  |  |  |  |  |
|  |  |  |  |  |  |  |  |  |  |  |
|  |  |  |  |  |  |  |  |  |  |  |
|  |  |  |  |  |  |  |  |  |  |  |
|  |  |  |  |  |  |  |  |  |  |  |
|  |  |  |  |  |  |  |  |  |  |  |
|  |  |  |  |  |  |  |  |  |  |  |
|  |  |  |  |  |  |  |  |  |  |  |
|  |  |  |  |  |  |  |  |  |  |  |
|  |  |  |  |  |  |  |  |  |  |  |
|  |  |  |  |  |  |  |  |  |  |  |
|  |  |  |  |  |  |  |  |  |  |  |
|  |  |  |  |  |  |  |  |  |  |  |
|  |  |  |  |  |  |  |  |  |  |  |

**Ergebniss :**

| Kosten Kegelbahn | Sonstige Kosten | Spenden | Einnahmen Heute | letzter Kassenbestand | Kassenbestand Gesamt |
| --- | --- | --- | --- | --- | --- |
|  |  |  |  |  |  |

| Pudelkönig |  |
| --- | --- |
| Sieger |  |

**Datum :** ........................    **Name des Kegelclubs:** ........................

| Name | Beitrag | Strafen | Alle 9 | Kranz | Pudel | Klingel | Soll zahlen | hat gezahlt | noch offen | Bemerkungen |
|---|---|---|---|---|---|---|---|---|---|---|
|  |  |  |  |  |  |  |  |  |  |  |
|  |  |  |  |  |  |  |  |  |  |  |
|  |  |  |  |  |  |  |  |  |  |  |
|  |  |  |  |  |  |  |  |  |  |  |
|  |  |  |  |  |  |  |  |  |  |  |
|  |  |  |  |  |  |  |  |  |  |  |
|  |  |  |  |  |  |  |  |  |  |  |
|  |  |  |  |  |  |  |  |  |  |  |
|  |  |  |  |  |  |  |  |  |  |  |
|  |  |  |  |  |  |  |  |  |  |  |
|  |  |  |  |  |  |  |  |  |  |  |
|  |  |  |  |  |  |  |  |  |  |  |
|  |  |  |  |  |  |  |  |  |  |  |
|  |  |  |  |  |  |  |  |  |  |  |

**Ergebniss :**

| Kosten Kegelbahn | Sonstige Kosten | Spenden | Einnahmen Heute | letzter Kassenbestand | Kassenbestand Gesamt |
|---|---|---|---|---|---|
|  |  |  |  |  |  |

| Pudelkönig |  |
|---|---|
| Sieger |  |

**Datum:** ....................  **Name des Kegelclubs:** ....................

| Name | Beitrag | Strafen | Alle 9 | Kranz | Pudel | Klingel | Soll zahlen | hat gezahlt | noch offen | Bemerkungen |
|---|---|---|---|---|---|---|---|---|---|---|
|  |  |  |  |  |  |  |  |  |  |  |
|  |  |  |  |  |  |  |  |  |  |  |
|  |  |  |  |  |  |  |  |  |  |  |
|  |  |  |  |  |  |  |  |  |  |  |
|  |  |  |  |  |  |  |  |  |  |  |
|  |  |  |  |  |  |  |  |  |  |  |
|  |  |  |  |  |  |  |  |  |  |  |
|  |  |  |  |  |  |  |  |  |  |  |
|  |  |  |  |  |  |  |  |  |  |  |
|  |  |  |  |  |  |  |  |  |  |  |
|  |  |  |  |  |  |  |  |  |  |  |
|  |  |  |  |  |  |  |  |  |  |  |
|  |  |  |  |  |  |  |  |  |  |  |

**Ergebniss:**

| Kosten Kegelbahn | Sonstige Kosten | Spenden | Einnahmen Heute | letzter Kassenbestand | Kassenbestand Gesamt |
|---|---|---|---|---|---|
|  |  |  |  |  |  |

| Pudelkönig |  |
|---|---|
| Sieger |  |

**Datum :** .................... **Name des Kegelclubs:** ....................

| Name | Beitrag | Strafen | Alle 9 | Kranz | Pudel | Klingel | Soll zahlen | hat gezahlt | noch offen | Bemerkungen |
|---|---|---|---|---|---|---|---|---|---|---|
|  |  |  |  |  |  |  |  |  |  |  |
|  |  |  |  |  |  |  |  |  |  |  |
|  |  |  |  |  |  |  |  |  |  |  |
|  |  |  |  |  |  |  |  |  |  |  |
|  |  |  |  |  |  |  |  |  |  |  |
|  |  |  |  |  |  |  |  |  |  |  |
|  |  |  |  |  |  |  |  |  |  |  |
|  |  |  |  |  |  |  |  |  |  |  |
|  |  |  |  |  |  |  |  |  |  |  |
|  |  |  |  |  |  |  |  |  |  |  |
|  |  |  |  |  |  |  |  |  |  |  |
|  |  |  |  |  |  |  |  |  |  |  |
|  |  |  |  |  |  |  |  |  |  |  |
|  |  |  |  |  |  |  |  |  |  |  |

**Ergebniss :**

| Kosten Kegelbahn | Sonstige Kosten | Spenden | Einnahmen Heute | letzter Kassenbestand | Kassenbestand Gesamt |
|---|---|---|---|---|---|
|  |  |  |  |  |  |

| Pudelkönig |  |
|---|---|
| Sieger |  |

E - Mail : mire.publishing@gmail.com

Impressum :
Michael Reiter
Zinnwalder Steig 7a
12355 Berlin

www.ingramcontent.com/pod-product-compliance
Lightning Source LLC
Chambersburg PA
CBHW072103150726
47999CB00005B/1866